L'ESPRIT
DE LA LIGUE,
OU
HISTOIRE POLITIQUE
DES TROUBLES DE FRANCE,
Pendant les XVI & XVIIe siécles.

TOME SECOND.

L'ESPRIT DE LA LIGUE,

OU

HISTOIRE POLITIQUE

DES TROUBLES DE FRANCE,

Pendant les XVIe. & XVIIe. fiecles.

Par M. Anquetil, *Chanoine Régulier de la Congrégation de France, Prieur de Château-Renard, & Correspondant de l'Académie Royale des Inscriptions & Belles-Lettres.*

Nouvelle Edition.

TOME SECOND.

A PARIS,

Chez Moutard, Imprimeur-Libraire de la Reine, rue des Mathurins, Hôtel de Cluny.

─────────────

M. DCC. LXXIX.
Avec Approbation & Privilége du Roi.

Il faut dire la vérité quand on écrit l'Histoire; mais il faut la dire avec tout l'éclat de son tonnerre, quand on parle des vices des Princes, & de ces vices encore qui ruinent les Monarchies, & qui fauchent des races entieres.
Le Laboureur, tom. II, pag. 261.

L'ESPRIT DE LA LIGUE,

OU

HISTOIRE POLITIQUE

DES TROUBLES DE FRANCE,

Pendant les XVIe & XVIIe *Siecles.*

LIVRE QUATRIEME.

Endant que le bruit des armes se faisoit entendre dans toute l'Europe, que les Princes Catholiques, excités par Pie V, couvroient la mer de vaisseaux, & opposoient des efforts victorieux aux conquêtes du cruel Sélim, Empereur des Turcs; pendant que l'Allemagne, surchargée de sectes, s'agitoit encore pour établir l'équilibre entr'elles, que la discorde

CHARLES IX.
1571.
Grande tranquillité en France.
De Thou, liv. I.
Davila, liv. V.

Tome II, A

régnoit en Ecosse, que l'Angleterre étoit en proie aux conjurations, & que les Flamands, soutenant contre les forces redoutables de l'Espagne leur liberté, & le droit de professer la nouvelle Religion, éprouvoient toutes les horreurs d'une guerre intestine, on vit en France une révolution bien surprenante; la paix, l'union, la concorde entre tous les ordres de l'Etat. On vit ces Confédérés si ombrageux, si disposés à frapper les premiers coups, dans la crainte d'être prévenus, déposant leurs soupçons, vivre tranquillement sous la sauvegarde de la parole royale. On vit Charles, oubliant le crime des révoltés, s'intéresser tendrement à la félicité de ses Sujets, désormais appliqués à lui plaire, leur proposer des mariages, discuter les plaintes par des envoyés pacifiques, punir les brouillons, artisans de nouveaux troubles, recevoir des Calvinistes plusieurs avis avantageux à l'Etat, en concerter avec eux l'exécution, & gagner leur confiance au point d'en obtenir avant le temps la restitution des places de sûreté. Que penser de Charles IX,

Livre quatrieme. 3

d'un jeune Roi de vingt-deux ans, si tant de témoignages de bonté ne furent qu'une feinte employée pour enfoncer plus sûrement le poignard, & s'il eut l'ame assez noire pour méditer pendant deux ans l'affreux projet d'assassiner soixante-dix mille de ses Sujets?

C'est encore un problême, de savoir quels furent les ressorts secrets du massacre connu sous le nom de la *S. Barthelemi*; jusqu'à quel point Charles IX y trempa; si l'on eut d'abord dessein d'étendre la proscription à un si grand nombre de victimes; enfin, à quelle époque il faut faire remonter la résolution prise à la Cour d'abattre le Calvinisme, en exterminant les plus capables de le soutenir. Le crime une fois commis a paru si horrible, tant de gens ont eu intérêt de déguiser les faits, afin de détruire, s'il avoient pu, les monuments de leur honte, qu'il n'est point étonnant que dans la discussion de ce point d'histoire, nous ne marchions qu'environnés de ténebres.

Mais à travers ces obscurités affectées, il nous reste encore assez de lueurs pour indiquer les principaux conseil-

Charles IX 1571.

Si elle ne servit qu'à préparer de nouveaux troubles.

lers, & les vrais auteurs de cette sanglante cataſtrophe. Quant au fil de l'intrigue, à l'époque de ſon commencement, au degré de complicité des coupables, ſi nous n'avons pas ſur toutes ces choſes des témoignages auſſi concluants, du moins ne manquons-nous pas de connoiſſances propres à ſatisfaire une curioſité réglée par la raiſon. Ceux qui écrivent après l'événement, ont coutume de lier les circonſtances, comme ſi elles avoient été toutes prévues & arrangées à deſſein. Il eſt néanmoins conſtant, que dans les affaires les mieux combinées, il y a toujours des faits qui ne ſont que le fruit de l'occaſion, & l'ouvrage du moment. On verra l'application de ce principe, dans ce qui ſe paſſa avant & après la S. Barthelemi.

Meſures qu'on prend après la paix. La paix faite, la Cour vit avec peine les chefs des Confédérés fixer leur ſéjour à la Rochelle, comme s'ils euſſent craint une nouvelle ſurpriſe, en ſe ſéparant & en retournant dans leurs terres, dont le ſéjour tranquille ſembloit faire auparavant l'objet de leurs deſirs. Elle leur en témoigna ſa peine. Ils répondirent qu'ils ne ſe mé-

Livre quatrieme.

fioient point du Roi ; que cependant le voyant toujours obsédé par les Guises, & les autres auteurs des troubles, ils avoient tout lieu d'appréhender le retour des préjugés qu'on lui avoit inspirés contr'eux dès son enfance : qu'au reste ils ne faisoient aucuns mouvements, ni préparatifs de guerre : qu'ils avoient à la vérité augmenté les troupes mises en garnison dans les places de sûreté, mais parce que le Roi avoit lui-même augmenté celles des villes voisines : qu'enfin ils ne restoient assemblés que pour faire sur eux-mêmes la répartition des dettes qu'ils avoient contractées pour la cause commune.

Ces raisons étoient plausibles ; aussi s'appliqua-t-on moins à y répondre, qu'à les détruire, en donnant toute satisfaction aux Princes & à l'Amiral. En traitant la paix, on avoit parlé de marier le Prince de Béarn avec Marguerite de Valois, la derniere sœur du Roi. On remit peu de temps après cette alliance sur le tapis, comme un moyen assuré de dissiper tous les doutes, & de serrer les nœuds d'une union parfaite. La Princesse étoit de

CHARLES IX
1571.

On propose le mariage du Prince de Béarn avec la sœur du Roi. *Brantôme, tome I.*

quelques mois plus âgée que son futur époux, belle, spirituelle, & montrant déja pour l'intrigue un goût qui se tourna plutôt vers la galanterie que vers la politique. Jeanne, Reine de Navarre, répondit respectueusement à cette proposition, mais sans s'engager.

Il sembloit qu'un vieux guerrier, comme l'Amiral, étoit inattaquable du côté de la tendresse : cependant il aima, il fut aimé, & le mariage de l'homme peut-être le plus grave de la France, se traita comme une aventure de roman. Jacqueline de Monbel Dame d'Entremont, veuve très-riche en fonds de terre situés dans les Etats de Savoie, s'éprit d'une vive passion pour l'Amiral, sur sa seule réputation ; & l'enthousiasme s'en mêlant, elle résolut de donner à ce héros du calvinisme sa main & ses biens. Ce dessein rendit le Duc de Savoie attentif aux démarches de la veuve ; mais malgré les surveillants, Jacqueline s'évada, & vint à la Rochelle épouser Coligni. Le Duc irrité, saisit ses terres. En vain le Roi réclamé par par les deux époux, interposa ses bons offices, le Prince demeura inflexible.

Livre quatrieme.

L'Amiral se montra peu sensible à cette disgrace; & dans le même temps il donna une autre preuve non équivoque de désintéressement, en mariant Louise de Châtillon sa fille à Téligny, simple Gentilhomme, sans fortune, mais excellent négociateur, possédant à fond les affaires du parti, & plus en état qu'aucun autre d'en faire valoir les intérêts, par son habileté & sa prudence. Le Prince de Condé se prépara aussi à épouser Marie de Clèves troisieme sœur de la Duchesse de Guise, qui avoit été élevée par la Reine de Navarre dans la nouvelle Religion. Enfin la Cour de France fit à Elisabeth, Reine d'Angleterre, des propositions de mariage entr'elle & le Duc d'Anjou, frere du Roi; mais ce projet ne fut point alors appuyé des démarches nécessaires.

Il en revenoit du moins cet avantage, que les esprits amusés par l'espérance, les plaisirs ou les soins d'une nouvelle alliance, perdoient insensiblement l'habitude de la guerre. L'Amiral auroit voulu qu'on eût ainsi captivé les Calvinistes, moins par la

Charles IX
1571.
Et suives.

On parle de la guerre de Flandre.
Brantôme.

violence que par la diversion. *Je sais bien ce qu'il m'en dit à la Rochelle*, écrivoit Brantôme, *voyant bien le caractere de ses Huguenots, que s'il ne les occupoit & amusoit au-dehors, pour le sûr ils recommenceroient à brouiller au-dedans, tant il les connoissoit brouillons, remuants, frétillants, & amateurs de la picorée.* Il desiroit ardemment quelque guerre étrangere, & n'en voyoit pas de plus commode & de plus avantageuse à la France, que celle des Pays-bas.

Ces provinces révoltées contre l'Espagne, épuisées par leurs propres victoires, étoient réduites à ne pouvoir plus se soutenir sans troupes étrangeres. Au défaut de la France, elles menaçoient de se jeter entre les bras de l'Angleterre. Premiere raison de les aider, pour ne pas laisser cet avantage à nos rivaux. De plus, on ne pouvoit douter que ce ne fût le Roi d'Espagne, qui par ses conseils, son argent, ses secours mesurés, non sur nos besoins, mais sur les regles de sa politique, n'entretînt la guerre civile en France. Or, nul meilleur moyen de se venger sans risque, &

Livre quatrieme.

sans peine, que de lui opposer dans son propre pays les Calvinistes François, dont il poursuivoit la ruine.

CHARLES IX 1571.

Louis de Nassau, frere du Prince d'Orange, vint exprès en France exposer ces raisons au conseil. Charles IX parut les goûter; mais il renvoya Nassau à Coligni, lui faisant entendre qu'avant de prendre sa derniere résolution, il vouloit conférer avec l'Amiral. Si c'étoit un appas destiné à lui inspirer une confiance pernicieuse, il étoit trop flatteur pour que l'Amiral ne s'y laissât point prendre. Il se détermina donc à paroître à la Cour.

L'Amiral & la Reine de Navarre viennent à la Cour.

Sur la fin de l'été, le Roi alla de Blois en Touraine. Cette démarche se faisoit en faveur de la Reine de Navarre, qui ne pouvant décemment se refuser aux avances de la Cour, au sujet du mariage du Prince de Béarn, ne se livroit cependant qu'avec inquiétude. Elle amena son fils au Roi, avec le Prince de Condé, & l'Amiral. *Je vous tiens*, dit le Roi à ce vieux guerrier, en le retenant lorsqu'il se jetta à ses pieds par respect, *je vous tiens, & vous ne nous quitterez pas quand vous voudrez. Voici*, ajouta le Mo-

A 5

CHARLES IX
1571.

narque d'un air satisfait, *le jour le plus heureux de ma vie*. La suite de la réception répondit au commencement : la Reine mere, le Duc d'Anjou, tous les Seigneurs, comblerent Coligni de caresses; & sur-tout le Duc d'Alençon, le plus jeune frere du Roi, qui se laissant aller à la franchise de son âge, sembloit ne pouvoir assez exprimer les sentiments d'estime dont il étoit pénétré pour l'Amiral.

Les deux Reines s'observent.
Mém. de Tavannes, p. 376.

Au milieu des plaisirs qu'occasionna cette réunion, on parla de décider le mariage du Prince de Béarn. Difficultés par rapport à la différence de Religion, au temps, à la maniere de la célébration : le Roi, qui souhaitoit la conclusion de cette affaire, applanissoit tout. Jeanne d'Albret étoit étonnée de tant de complaisance. Elle regardoit, elle examinoit avec la circonspection d'une personne qui se défie, & qui a honte de le laisser paroître. La Reine mere, non moins curieuse sur le compte de Jeanne, l'observoit, & auroit voulu lire dans son ame. *Comment m'y prendre*, disoit-elle un jour à Tavannes, *pour découvrir le secret de la Reine de Navarre? Entre*

Livre quatrieme.

femmes, répondit Tavannes en riant, *mettez la premiere en colere, & ne vous y mettez point ; vous apprendrez d'elle & non elle de vous.*

CHARLES IX
1571.

On parla aussi de la guerre de Flandre. Il y eut des mémoires pour & contre. Le Roi les lut, & en conféra avec l'Amiral. Il le consulta aussi sur le traité que la France étoit sur le point de conclure avec l'Angleterre ; & toujours il paroissoit prendre un singulier plaisir dans sa conversation. Coligni demanda, dans l'automne, permission d'aller faire un tour à Châtillon-sur-Loing. Charles le lui accorda, le rappella peu de temps après, lui permit d'y retourner encore ; & ainsi finit l'année, avec toutes les apparences d'une confiance réciproque.

On remet la guerre de Flandre sur le tapis.
Mém. de Mornay.

Que Charles IX fût arrêté à la résolution d'exterminer les prétendus Réformés, ou qu'il n'en eût pas le dessein, il est certain que jamais Prince ne se trouva dans une position plus critique & plus embarrassante. Dans le premier cas, il falloit parler toujours contre ses idées, accabler de caresses des gens qu'on étoit prêt à égorger, commander à ses yeux, aux fibres

1572.
Embarras de Charles IX.

même de son visage, pour n'être point trahi par quelques vivacités ou autre mouvement involontaire. S'il avoit dessein de ménager le Calvinisme, autre embarras de la part des Catholiques, des Princes étrangers, des Seigneurs de sa Cour, Prélats, magistrats, qui lui remplissoient l'esprit de soupçons contre ceux qu'il vouloit protéger.

Il éprouve des obstacles pour le mariage de sa sœur.
Brantôme, tome. I.
Matthieu, liv. VI, p. 33.
Mém. de Tavannes, p. 377.

Rien, par exemple, ne lui tenoit plus à cœur, que d'effectuer le mariage de Marguerite sa sœur avec le Prince de Béarn, & il entendoit autour de lui à ce sujet une réclamation générale. Les Guises murmuroient, par dépit de voir passer à un autre une Princesse sur laquelle le jeune Duc avoit eu l'audace de marquer des prétentions pour lui-même. Le Cardinal de Lorraine s'en étoit expliqué hautement à l'ambassadeur de Portugal, qui la demandoit pour son maître. *L'aîné de ma maison*, dit-il, en parlant du Duc de Lorraine, *a eu l'aînée, le cadet aura la cadette.* Cette arrogante prédiction ne se vérifia pas. Le Roi, qui en fut averti, entra dans une grande colere, & le Duc en crai-

Livre quatrieme.

gnant les éclats, époufa précipitamment Catherine de Cleves. Mais comme les Rois ne commandent point aux cœurs, le Duc de Guife confervoit des droits cachés fur celui de Marguerite; & Charles appréhendoit que ces difpofitions fecrettes de fa fœur, venant à la connoiffance de la Reine de Navarre, ne la refroidiffent fur cette alliance. Le Duc d'Anjou ne voyoit pas non plus de bon œil ce mariage, dans la crainte qu'il ne rendît le Prince de Béarn trop puiffant. Enfin, le pape fe récrioit plus que tous les autres, & menaçoit de ne jamais accorder de difpenfe. Il envoya même en France fon neveu, le Cardinal Alexandrin, chargé de renouveller les inftances en faveur du Roi de Portugal, & de faire des reproches au Roi fur fes liaifons avec les Huguenots.

Le légat s'acquitta exactement de fa commiffion. Il preffa vivement le Roi; & comme il le réduifoit à ne favoir que répondre: *Monfieur le Cardinal,* lui dit le Monarque embarraffé, *plût à Dieu que je puffe tout vous dire! Vous connoîtriez bientôt, ainfi que le*

Charles IX
1572.

Comment il raffure le pape.
Préface du Stratagême.

Souverain Pontife, que rien n'est plus propre que ce mariage pour assurer la Religion en France, & exterminer ses ennemis. Oui, ajouta-t-il, en lui serrant affectueusement la main, *croyez-en ma parole ; encore un peu de temps, & le saint Pere lui-même sera obligé de louer mes desseins, ma pieté & mon ardeur pour la Religion.* Il voulut confirmer ces promesses, en faisant glisser un diamant au doigt du Cardinal ; mais le Prélat le remercia, & dit qu'il se contentoit de la parole du Roi.

Si Charles IX a tenu ce discours, il méditoit certainement pour lors le massacre de la Saint-Barthelemi ; mais de Thou nous avertit qu'il faut se défier des Historiens Italiens, dont est tiré ce récit. La plupart abusés par les Guises, qui avoient intérêt de ne point passer pour les seuls auteurs d'une action si atroce, ou trompés par les Catholiques zélés, fideles échos des Guises, ont enveloppé toute la Cour dans le complot, & sur-tout le Roi, qu'ils ont toujours mis à la tête. Au contraire, les Mémoires du temps, faits par les personnes les mieux instruites, tels que ceux de *Brantôme*,

Livre quatrieme. 15

de la *Reine Marguerite*, de *Cheverni*, de *Villeroi*, de *Castelnau*, sur-tout de *Tavannes*, d'après lesquels se sont décidés *Dupleix*, *le Laboureur*, l'Auteur des *Commentaires*, & les meilleurs Historiens, portent expressément deux choses; la premiere, que Charles IX ne se détermina au massacre qu'après la blessure de l'Amiral; la seconde, qu'il n'eut d'abord dessein d'y comprendre que quelques chefs, & non une si grande multitude.

CHARLES IX
1572.

Voici donc, autant qu'on peut débrouiller ce cahos, l'idée qu'il faudroit se former de la marche de l'intrigue. On peut croire que dès l'instant de la paix, Charles IX eut dessein de s'assurer de l'Amiral & des autres chefs, & que les bonnes manieres qu'il employa pour les attirer à la Cour, ne tendoient qu'à se procurer la facilité de les avoir sous sa main, s'ils venoient à remuer, & de rompre leurs projets par la prison & par un châtiment juridique. Il est aussi à présumer que ce dessein de réprimer les Calvinistes par la force, tourna en projets de ménagements, quand Charles vit qu'ils demeuroient tranquilles, &

Résultat de leurs récits.

CHARLES IX 1572.

qu'ils prenoient confiance en lui. Cette disposition pacifique du Roi, traversée néanmoins par des alternatives de craintes & de soupçons, a pu durer jusqu'à la blessure de l'Amiral. Quant à ce malheur, qui eut des suites si funestes, ce fut l'ouvrage d'une politique ténébreuse, qui poussa le Roi à des extrêmités qu'il n'avoit pas prévues, politique dont on exposera tous les ressorts.

Le Roi ménage les Calvinistes.
Mém. de Tavannes.

Ce Prince avoit été trop mal servi dans la guerre, pour ne pas vouloir sincérement la paix. Voyant que pour y parvenir il n'étoit question que de quelque condescendance envers les Calvinistes, Charles les ménageoit; & on a droit de penser que, sans adopter leurs opinions, il goûta leurs personnes. La Reine mere, soit vues d'Etat, soit attachement à la Religion Romaine, s'alarma de ces liaisons: elle s'unit secrétement aux Guises, pour ramener son fils à ses anciens principes, & le forcer même par un coup d'éclat, s'il étoit nécessaire, à rompre tout engagement avec les Sectaires.

On imagina d'abord de tenter s'il

seroit sensible à l'abandon des Catholiques, ses anciens amis; en conséquence, les Guises, les Montpensiers & leurs proches, quitterent brusquement la Cour. C'étoit, disoient-ils, une chose odieuse, qu'une famille qui avoit rendu de si grands services, fût si peu considérée; & que loin de venger la mort d'un homme qui s'étoit sacrifié pour la Religion & pour l'Etat, on affectât d'accabler de bienfaits ses ennemis & ses assassins. On ne manquoit point de faire parvenir ces discours au Roi; mais il sembloit ne point s'en embarrasser; au contraire, il paroissoit libre & gai au milieu des Calvinistes, que les noces prochaines du Prince de Béarn attiroient auprès de lui : cependant tous ne s'y fioient pas. *Si ces noces se font à Paris*, disoit le pere de Sulli, *les livrées en seront vermeilles.*

La Reine de Navarre arriva à la Cour au milieu du mois de Mai, & le 9 Juin elle étoit morte. Un cri se fit entendre par toute la France qu'elle avoit été empoisonnée; cependant, malgré les recherches les plus exactes, on ne lui trouva aucune marque de

CHARLES IX
1572.
Les Catholiques en prennent ombrage.

Sulli, tome I, p. 43.

Mort de la Reine de Navarre.
Journ. de Henri III. t. I, p. 43. *Cayet,* t. 1, p. 128.

poison. Mais que ne pouvoit-on pas présumer, après les exemples trop sûrs qu'on avoit de morts aussi nécessaires, procurées par différents moyens ? Celle de Lignerolles, favori & confident du Duc d'Anjou, tué sous ses yeux au milieu de la Cour, parce qu'il avoit eu le malheur, dit-on, d'apprendre de son maître les secrets du Roi ; d'autres disent, parce qu'il avoit une intrigue avec la Reine mere ; celle du Cardinal Odet de Châtillon, empoisonné par son valet de chambre lorsqu'il étoit prêt à revenir en France ; celle du Seigneur de Moui, assassiné à Niort par Maurevel, qu'on appelloit publiquement *le tueur du Roi*, & tant d'autres dont la fin tragique tournoit en preuves les moindres soupçons.

Jeanne d'Albret, après avoir aimé les plaisirs, se les interdit lorsqu'elle y étoit encore propre, réforma son luxe, & montra une austérité de dévotion qui la rendit chere à son parti : elle eut les vertus & les vices ordinaires à ce genre de vie ; sévere dans ses mœurs, réglée dans son domes-

---

Son caractere
Le Lab.
tome I, p. 837.

tique, ferme contre les revers, zélée, libérale; mais aigre, impérieuse, aimant à parler théologie, & faisant sa principale compagnie des Ministres, dont sa maison étoit l'asyle. Dans les manifestes auxquels Jeanne eut part, on remarque toujours contre le Clergé, & sur-tout contre le Cardinal de Lorraine, des traits mordants qui annoncent une femme piquée. Pendant que son fils étoit à la Cour, avant le voyage de Bayonne, elle lui écrivit une lettre, qu'on jugeroit moins destinée à retenir dans le devoir un enfant de neuf à dix ans, qu'à satisfaire sa causticité, en censurant des vices qui ne la regardoient pas: elle n'étoit pas moins amere dans ses reproches à ceux de sa Religion qui s'écartoient de leur devoir; mais aussi elle n'avoit rien à elle, & toutes ses richesses étoient au parti. Les Catholiques même reconnoissent son courage, sa constance, sa fermeté, & ne blâment que son entêtement, qui faisoit sa gloire dans l'esprit des Calvinistes. Sa mort retarda le mariage du Prince de Béarn, qui prit aussi-tôt le titre de Roi de Navarre.

CHARLES IX
1572.
Craintes des Calvinistes.
De Thou, liv. LII.
Davila, liv. V.
Matthieu, liv. VI. page 338.

L'Amiral, pendant cet intervalle, se retira dans son château de Châtillon-sur-Loing ; là il recevoit tous les jours des lettres de ses amis, qui le conjuroient de ne point retourner à la Cour. Leurs craintes étoient fondées sur une multitude de conjectures qui, prises chacune à part, pouvoient tout au plus fournir la matiere de quelques soupçons, mais qui rapprochées, formoient un corps de présomptions effrayantes.

Sécurité de l'Amiral.

Coligni, sûr de la bonne foi du Roi, n'écoutoit les donneurs d'avis qu'en homme rebuté par leur zele importun : quant à ceux avec lesquels il vouloit bien entrer en explication, il leur disoit que ses mesures étoient prises avec Charles ; qu'il y avoit une ligue signée contre l'Espagne, entre la France, l'Angleterre & les Princes Protestants d'Allemagne, & que la guerre de Flandre alloit se déclarer. Lui faisoit-on remarquer les troupes que la Cour rassembloit sur les confins du Poitou ? il répondoit aussi-tôt qu'elles n'étoient point destinées contre la Rochelle, mais contre les Pays-bas, où des vaisseaux devoient les transporter; que c'étoit par son avis qu'on avoit pris cet expédient, tant pour épargner aux soldats la fatigue de la marche, que pour tromper les ennemis. Si on lui parloit des emprunts que le Roi faisoit de tous côtés, il disoit que c'étoit pour subvenir aux frais de cette guerre, & qu'on les faisoit sur les Princes Catholiques par préférence, afin de les priver de la ressource de leur argent : enfin il prétendoit n'avoir rien à craindre des Guises, parce que le Roi les avoit réconciliés avec lui, & que d'ailleurs ils n'avoient plus grand crédit; que même le Cardinal de Lorraine, le plus redoutable d'entr'eux, étoit à Rome, occupé dans le Conclave, bien éloigné de pouvoir lui nuire : enfin, dût-il être trompé, il prioit très-instamment ses amis de ne plus le fatiguer par de pareils soupçons.

Ces raisons ne satisfaisoient pas tout le monde. Un Gentilhomme, nommé *Langoiran*, les ayant bien repassées dans son esprit, alla trouver l'Amiral & lui demanda son congé. *Pourquoi donc*, dit Coligni étonné? *Parce qu'on vous fait trop de caresses*, répondit Langoiran, *& que j'aime mieux me sauver avec les fous, que de périr avec les sages.* Ce bon mot fut regardé comme une de ces saillies qu'essuient souvent les projets les plus prudents, & l'Amiral persista dans sa sécurité.

<small>CHARLES IX 1572.</small>

<small>Mariage du Roi de Navarre.</small>

Les noces de Henri, Roi de Navarre, & de Catherine, sœur du Roi, furent célébrées avec une pompe vraiment royale; elles avoient été précédées de celles du Prince de Condé & de Marie de Cleves: la Noblesse Calviniste, nombreuse, leste & magnifique, fit les honneurs des unes & des autres: pour l'Amiral, au milieu des plaisirs, il ne s'occupoit que de sa chimere, la guerre de Flandre; tout sembloit lui en inspirer le desir. Voyant le jour du mariage, aux voûtes de la cathédrale, les drapeaux pris sur lui dans les journées de Jarnac & de Montcontour: *Bientôt*, dit-il, en les montrant au Maréchal de Damville, *bientôt ils seront remplacés par d'autres plus agréables à des yeux françois.* Téligni, la Rochefoucauld, Rohan, tous les chefs du parti, pensoient comme Coligni, sur la certitude de cette guerre; & de plus défiants s'en

Livre quatrieme. 23

feroient flattés à leur place, tant Charles y paroissoit résolu.

A force de conférer sur ce projet, il en avoit senti l'avantage, & le prenoit à cœur. En réglant le plan des opérations, l'adroit Coligni faisoit sentir au jeune Monarque qu'il ne falloit pas se conduire dans cette guerre comme dans les précédentes, c'est-à-dire, confier ses forces à son frere le Duc d'Anjou, qui avoit recueilli tout l'honneur de la victoire; mais que le Roi devoit se mettre lui-même à la tête de ses troupes. La Reine votre mere, ajoutoit-il, ne cherche qu'à vous tenir en tutelle, afin de gouverner seule; c'est pour cela qu'elle vous a engagé à prendre un Lieutenant général; mais il est temps de secouer le joug, & de vous montrer à vos peuples digne de leur commander.

Ces discours faisoient une vive impression sur l'esprit d'un Roi susceptible & jaloux. Catherine en étoit informée; mais certaine de son ascendant, elle se contenta d'abord de prendre quelques mesures générales, comme de s'assurer, en cas de besoin,

CHARLES IX
1572.
Le roi goûte l'Amiral & ses projets.
D'Aubigné, t. II, l. I.
Le Labour. tome III, page 31.
Mém. de *Tavannes,* pag. 376.
Mém. de *Villeroi,* t. II, p. 361.

Mém. de *Tavannes,* p. 415.

le secours des Guises & de leurs partisans : cependant le danger augmentoit. La Reine fut avertie par Villequier, de Sauve, Rets, Courtisans assidus & pénétrants, en qui même le Roi avoit une grande confiance, que son fils alloit lui échapper, qu'il étoit totalement gagné par les Religionnaires, & que sans quelque remede violent, il n'y avoit point à se flatter de le ramener.

<small>Adresse de la Reine.
Mém. de Tavannes.</small>

A un mal si pressant, Catherine se résout d'appliquer un remede extrême : elle saisit le moment d'une chasse, pendant laquelle son fils se trouvoit loin des conseillers qui l'obsédoient ordinairement ; elle l'entraîne dans un château, s'enferme avec lui dans un cabinet, & éclate en reproches amers. Mêlant la tendresse à la force, elle lui représente ce qu'elle a fait pour lui dès son enfance, les peines qu'elle a ressenties, les dangers qu'elle a courus de la part de ces mêmes hommes avec lesquels il a l'imprudence de se lier si étroitement. S'ils se rendent maîtres des affaires, que deviendrai-je, dit-elle, en sanglottant ? Que deviendra le Duc d'Anjou,

Livre quatrieme.

d'Anjou, l'objet perpétuel de leur haine? Comment échapperons-nous à leur fureur? *Donnez-moi*, ajoute-t-elle, *congé de m'en retourner à Florence ; donnez à votre frere le temps de se sauver.*

Le Roi épouvanté, *non tant*, dit Tavannes, *des Huguenots, que de sa mere & de son frere, dont il fait la finesse, ambition & puissance dans son Etat*, craignant une révolution, s'il continue à soutenir les Calvinistes, avoue son tort à sa mere, & la prie de l'excuser. Catherine feignant un mécontentement sans retour, se retire dans une maison voisine. Le Roi la suit. Il la trouve avec le Duc d'Anjou, les sieurs de Rets, de Tavannes & de Sauve, comme tenant un conseil. Nouveau sujet d'inquiétude pour le jeune Charles, qui tremble qu'on ne machine quelque chose contre lui.

Il entre en explication, & demande qu'on lui fasse du moins connoître les nouveaux crimes des Calvinistes. Chacun s'empresse de le satisfaire, en rapportant tout ce qu'il sait de leurs prétentions vraies ou supposées. L'un dit que, non contents d'avoir libre

CHARLES IX
1572.

Elle fait craindre au Roi son ressentiment.

Et l'audace des Calvinistes.

CHARLES IX 1572.

exercice de leur Religion, ils veulent encore abolir la Catholique ; l'autre, qu'ils se vantent de posséder l'esprit du Roi, & de faire désormais tout ce qu'ils voudront ; que l'Amiral surtout ne cesse d'exalter ses exploits, & qu'il se promet bien de se venger un jour des arrêts de proscription donnés contre lui.

Brantôme.

Il faut avouer que Téligni & les autres ne furent pas toujours assez modérés dans leurs paroles. La Noue désapprouvoit ces bravades : & il en appelloit les auteurs *de vrais fous & malhabiles.* En pareille circonstance, ces propos ne manquerent pas d'être relevés & assaisonnés de toutes les manieres capables de piquer le Roi. Attaqué de tant de façons, il se laissa vaincre, & promit de se tenir désormais plus en garde, afin que l'Amiral & les siens n'abusassent pas davantage de sa bonté. Mais comme le Monarque ne paroissoit pas encore bien décidé, on résolut de le commettre avec les Calvinistes, de façon qu'il n'y eût jamais lieu à réconciliation.

On veut se

En conséquence on expédia un courier au Duc d'Aumale, qui vint avec son neveu le Duc de Guise, les Ducs de Nemours, d'Elbeuf, de Nevers, de Montpensier, & une grosse suite de Gentilshommes. Tout cela se passoit avant le mariage du Roi de Navarre, & on ne jugea pas à propos de différer plus de quatre jours après pour se délivrer des craintes que donnoit Coligni.

<small>Charles IX 1572. défaite de l'Amiral.</small>

L'assassin fut bientôt trouvé. On choisit le fameux Maurevel, qui se cacha dans une maison devant laquelle l'Amiral passoit tous les jours en revenant du Louvre. Par une fenêtre couverte d'un rideau, il tira à Coligni un coup d'arquebuse, dont les balles lui firent une grande blessure au bras gauche, & lui couperent l'index de la main droite. Sans la moindre émotion, l'Amiral montra la maison d'où partoit le coup. On enfonça la porte, mais l'assassin étoit déja sauvé. Coligni tout sanglant, appuyé sur ses domestiques, se retira chez lui.

<small>Il n'est que blessé.</small>

Le Roi jouoit à la paume, quand il apprit cet accident. *N'aurai-je jamais de repos*, s'écria-t-il, *en jettant sa raquette avec fureur? Verrai-je tous*

<small>Colere du Roi. De Serres, t. II, p. 740.</small>

les *jours troubles nouveaux* ? Le premier moment ne fut que tumulte & confusion. On alloit, on venoit, on se parloit, on s'épuisoit en conjectures. Des partisans de l'Amiral, les uns menaçoient, les autres restoient mornes & gardoient le silence. Tous donnoient des avis, & l'embarras du choix faisoit qu'on n'en suivoit aucun.

Revenus du premier transport, ils résolurent d'aller se plaindre au Roi, & demander justice. Le Roi de Navarre & le Prince de Condé se chargerent de la requête. Charles répondit que personne n'étoit plus fâché que lui de ce qui venoit d'arriver, & qu'il en tireroit une vengeance éclatante. La Reine mere ajouta que ce crime attaquoit le Roi lui-même, & que s'il le laissoit impuni, bien-tôt il ne seroit pas en sûreté dans le Louvre. Les Princes se retirerent satisfaits des dispositions de la Cour, d'autant plus qu'on avoit paru prendre d'abord toutes les mesures pour arrêter l'assassin. Les portes de Paris furent fermées : il y eut des commissaires chargés d'informer : on fit des visites dans toutes les maisons suspectes. De plus, le Roi dit aux Ambassadeurs de déclarer à leurs maîtres que cette action lui déplaisoit; & il ordonna d'écrire aux gouverneurs de provinces, *qu'il feroit en sorte que les coupables d'un si méchant acte fussent découverts & punis.*

Coligni, l'après-midi de sa blessure, demanda à voir le Roi. Charles se rendit dans la chambre du malade avec sa mere, le Duc d'Anjou, les Maréchaux de France, en un brillant cortege. En abordant l'Amiral, il le consola, & lui jura par le nom de Dieu, comme il en avoit la mauvaise habitude, qu'il tireroit de ce forfait une vengeance si terrible, que jamais elle ne s'effaceroit de la mémoire des hommes. Coligni le remercia; & après une courte protestation de sa fidélité, il tourna la conversation sur la guerre de Flandre, sa manie ordinaire. Il représenta au Roi qu'il tardoit trop à la déclarer; que pendant ce temps de braves soldats, qui sous la conduite de Genlis, de l'aveu secret de sa Majesté, s'étoient exprès transportés dans les Pays-bas pour son service, avoient été battus faute de secours, & après leur défaite, traités par le Duc d'Albe comme des brigands. Qu'on tournoit en ridicule publiquement à la Cour le projet de cette guerre, & que le conseil d'Espagne savoit tout ce qui se décidoit dans celui de France. Il se plaignit aussi que les Edits en faveur des Calvinistes n'étoient point observés. *Mon pere*, répondit le Roi, *comptez que je vous regarde toujours comme un fidele sujet, & comme un des plus braves Généraux de mon Royaume. Reposez-vous sur moi du soin de faire observer mes Edits, & de vous venger, sitôt qu'on aura découvert les coupables.* Il ne sont pas bien difficiles à trouver, reprit Coligni, les indices sont assez claires. *Tranquillisez-vous*, repliqua le Roi, *une plus longue émotion pourroit nuire à votre blessure.* En achevant ces mots, il alla du côté de la porte, demanda à voir la balle qu'on avoit retirée de la blessure, se fit raconter les circonstances du pansement; & après quelques signes d'attendrissement & d'intérêt pour la santé du malade, il sortit.

Frayeur de la Reine mere.

Durant cette visite, qui fut environ d'une heure, on remarqua que la

Livre quatrième.

Reine mere ne s'éloigna jamais du Roi & qu'elle prêtoit toujours l'oreille, comme appréhendant de perdre quelqu'une des paroles de l'Amiral à son fils. Précaution inutile, si on en croit la relation de Miron, médecin du Duc d'Anjou, écrite en Pologne sous la dictée de ce Prince. Le Duc y dit que Coligni trouva moyen de glisser au Roi quelques mots qui ne furent pas entendus; & que, faisant pour lors attention qu'ils étoient dans la chambre de l'Amiral, entourés de Calvinistes, la Reine mere & lui frémirent, & se sentirent saisis d'une frayeur subite.

Il ne falloit en effet qu'un mot pour les perdre, si le jeune Charles, dont le premier mouvement étoit terrible, se fût apperçu qu'on le jouoit, & que ce crime qui lui faisoit tant de peine, étoit l'ouvrage de ses plus proches. Dans les conversations qui suivirent l'assassinat, la Reine lui avoit fait entendre qu'elle soupçonnoit violemment le Duc de Guise; & que c'étoit sans doute pour venger la mort de son pere tué devant Orléans; meurtre dont au fond Coligni ne s'étoit ja-

Charles IX.
1572.
Mém. de Villeroi, t. II, p. 361.

Mém. de la Reine Marg. p. 35.
Mém. de Villeroi.

mais bien lavé. *Mais ces raisons*, dit la Reine Marguerite, *n'appaisoient pas le Roi. Il ne pouvoit modérer ni changer le passionné desir d'en faire justice, commandant toujours qu'on cherchât M. de Guise, qu'on le prît; qu'il ne vouloit point qu'un tel acte demeurât impuni.*

Cette fureur du Roi, dont on appréhendoit les éclats, fit prendre enfin le parti de lui révéler le mystere. On députe le Maréchal de Rets, qui avoit la confiance de Charles, & savoit l'amener à ses vues. Il va le trouver dans son cabinet, & après les adoucissements propres à lui faire digérer une pareille confidence, il lui avoue que la blessure de l'Amiral n'est pas l'ouvrage de Guise seul, mais de sa mere & du Duc d'Anjou; qu'ils y ont été forcés par les menées sourdes de ce rebelle, qui vouloit les perdre; que la chose une fois faite, il n'y a plus de milieu, & qu'il faut ou se joindre aux Catholiques pour achever ce qui est commencé, ou s'attendre à une nouvelle guerre civile. Ces premiers propos mis en avant, la Reine survient, comme on en étoit conve-

Livre quatrieme.

nu, accompagnée du Duc d'Anjou, du comte de Nevers, de Birague, garde des sceaux, & du Maréchal de Tavannes. Elle confirme à son fils tout ce que le Duc de Rets venoit de lui dire; & elle ajoute que depuis la blessure de l'Amiral, les Huguenots sont entrés dans un tel désespoir, qu'il y a à craindre qu'il s'en prennent non-seulement au Duc de Guise, mais au Roi lui-même.

En effet, les discours imprudens de quelques-uns des Calvinistes, ne donnoient que trop lieu à ces imputations. Ils disoient ouvertement que si le Roi ne leur faisoit justice, ils se la feroient eux-mêmes. Pardaillan s'en vanta publiquement au souper de de la Reine. Le Seigneur de Piles fit plus : il osa tenir les mêmes propos au Roi en face. *Les paroles indiscrettes, le geste insolent, & le front sourcilleux de ce téméraire Seigneur, firent frémir le Roi, & tous les Catholiques de la Cour.*

Catherine, en lui rappellant leurs menaces dans ce conseil secret, affirma encore que l'Amiral, depuis sa blessure, avoit fait partir plusieurs

Charles IX 1572.

Bravades des Calvinistes.
Mém. de Marguerite.
Dupleix, tome III, p. 514.

Elles servent à la Reine à changer les dispositions du Roi.

dépêches pour l'Allemagne & la Suisse, d'où il espéroit tirer vingt mille hommes : que si ces troupes se joignoient aux mécontents François, dénué, comme étoit le Roi, d'argent & d'hommes, elle ne voyoit plus pour lui de sûreté ; qu'au surplus elle étoit étoit bien aise de l'avertir, qu'à la moindre apparence de collusion de la part de Charles avec les Religionnaires, les Catholiques étoient déterminés à élire un Capitaine Général, & à faire une ligue offensive & défensive contre les Huguenots ; qu'ainsi il se trouveroit entre les deux partis, sans puissance ni autorité dans son Royaume.

Il consent au massacre. Mém. de Villeroi.

Ces considérations firent, dit le Duc d'Anjou, dans la relation de Miron, *une merveilleuse & étrange métamorphose au Roi ; car s'il avoit été auparavant difficile à persuader, ce fut lors à nous à le retenir. Se levant, il nous dit de fureur & de colere, en jurant par la mort D... puisque nous trouvions bon qu'on tuât l'Amiral, qu'il le vouloit ; mais aussi tous les Huguenots de France, afin qu'il n'en demeurât pas un qui lui peust reprocher après, &*

que nous y donnassions ordre promptement.

Ce terrible arrêt prononcé, on ne songea plus qu'à l'exécution ; & Charles, dès ce moment, se prêta à tous les déguisements qu'on lui fit sentir nécessaires pour la réussite. Il s'agissoit de rassembler dans le même canton de la ville les Gentilshommes Calvinistes, afin de les prendre tous comme dans un filet. Ils en fournirent eux-mêmes les moyens. L'Amiral alarmé de quelques mouvements qu'on voyoit parmi le peuple, envoya prier le Roi de lui donner une garde. On avoit peu de jours auparavant introduit dans Paris, sous d'autres prétextes, le Régiment des Gardes. Le Roi, non-seulement en fit placer une compagnie devant la porte de Coligni, mais encore il y eut ordre aux Catholiques du voisinage de céder leurs logements aux Religionnaires. Les Officiers de la ville furent chargés d'en faire un rôle, & de les exhorter à se retirer auprès de l'Amiral. Par une suite des mêmes attentions, on mit dans la maison de l'Amiral, des Suisses de la garde du Roi de Navarre ; & ce

CHARLES IX
1572.
Mesures pour l'exécution.

B 6

Prince lui-même fut averti par le Roi de faire venir au Louvre tout ce qu'il avoit de gens de main, afin de servir à la Cour de rempart contre les Guises, en cas qu'ils voulussent tenter quelqu'entreprise.

<small>Comment en trompe l'Amiral.</small>

Tant de précautions, qui toutes paroissoient à l'avantage des Calvinistes, rassurerent infiniment le plus grand nombre des amis de l'Amiral: quelques-uns insistoient cependant encore sur le parti le plus prudent, qui étoit d'enlever le malade, de sortir de Paris, & d'aller au loin entendre gronder l'orage; mais Coligni s'y opposa toujours: il dit que ce seroit faire injure au Roi, & qu'il vouloit se fier à sa parole, dût-il en être victime. Téligni & la Rochefoucauld pensoient comme lui. Cette réunion de sentiments n'empêcha pas les plus méfiants de faire de nouveaux efforts: ils disoient qu'on avoit fait entrer beaucoup d'armes dans le Louvre, comme si on vouloit en faire un arsenal d'où partiroient les foudres destinées contr'eux. Le malade répondoit que c'étoit pour un tournoi dont le Roi vouloit se donner le di-

Livre quatrieme.

vertissement, & qu'il avoit eu la bonté de l'en faire avertir: ils repliquoient que cela pouvoit n'être qu'une ruse, & qu'en pareil cas il ne falloit rien négliger. Le zele de ces conseillers fut encore inutile.

Mais la Reine mere, qui avoit des espions parmi eux, apprit ces délibérations; elles la déterminerent à presser l'exécution, qu'on fixa au point du jour de Saint-Barthelemi, 24 Août. La résolution en fut prise dans le château des Tuileries, entre la Reine, le Duc d'Anjou, le Duc de Nevers, le Comte d'Angoulême, frere bâtard du Roi, Birague garde des sceaux, le Maréchal de Tavannes & le Comte de Rets. Des Auteurs assez sûrs disent qu'on hésita si on envelopperoit dans la proscription le Roi de Navarre, le Prince de Condé & les Montmorencis: d'autres prétendent que l'intention étoit d'abord de mettre aux mains les chefs des Calvinistes & des Catholiques; & quand ils auroient été épuisés, le Roi sortant du louvre à la tête de ses gardes, seroit tombé sur les uns & sur les autres, & en auroit fait une boucherie entiere:

Charles IX.
1572.

Le massacre fixé au jour de Saint Barthelemi.
Comment.
L. X.
Mém. de Villeroi.
Mém. de Tavannes.

enfin il est encore incertain si on eut dessein de rendre le massacre aussi général qu'il le fut. Pour moi, *disoit Catherine après l'exécution,* je n'ai sur la conscience que la mort de six. *Quelle affreuse sécurité !*

> CHARLES IX
> 1572.
>
> Le Duc de Guise chargé de commencer.

Quoi qu'il en soit, on résolut de confier le meurtre de l'Amiral, & comme la premiere scene de la tragédie, au Duc de Guise. Afin de prévenir jusqu'à l'ombre du soupçon, les Princes Lorrains feignirent de craindre quelque violence de la part de leurs ennemis, & sous ce prétexte ils vinrent demander au Roi permission de se retirer. *Allez,* leur dit le Monarque d'un air courroucé ; *si vous êtes coupables, je saurai bien vous retrouver.* Ainsi congédiés, & maîtres de cacher leurs mouvements sous les apparences de l'embarras inséparable d'un départ, ils eurent plus de facilité à rassembler leurs gens, sans donner d'ombrage.

> Ordres généraux.
> Brantôme, tome IX.
> Mém. de Tavannes.

Tavannes fit venir en présence du Roi le Prévôt des Marchands, Jean Charron, & Marcel son prédécesseur, qui avoient grand crédit auprès du peuple : il leur donna l'ordre de faire armer les compagnies bourgeoises, & de les tenir prêtes pour minuit à l'hôtel-de-ville : ils promirent d'obéir ; mais quand on leur dit le but de l'armement, ils tremblerent, & commencerent à s'excuser sur leur conscience. Tavannes les menaça de l'indignation du Roi, & il tâchoit même d'exciter contr'eux le Monarque, trop indifférent à son gré. *Les pauvres diables ne pouvant pas faire autre chose, répondirent alors : Hé ! le prenez-vous là, Sire, & vous, Monsieur ? Nous vous jurons que vous en aurez nouvelle ; car nous y menerons si bien les mains, à tort à travers, qu'il en sera mémoire à jamais.* Voilà, ajoute Brantôme, *comme une résolution prise par force a plus de violence qu'une autre, & comme il ne fait pas bon acharner un peuple, car il y est après plus âpre qu'on ne veut.* Ils reçurent ensuite les instructions, savoir, que le signal seroit donné par la cloche de l'horloge du Palais ; qu'on mettroit des flambeaux aux fenêtres ; que les chaînes seroient tendues ; qu'ils établiroient des corps-de-gardes dans toutes les places & carrefours, & que pour se reconnoître ils porteroient un linge au bras gauche, & une croix blanche au chapeau.

Tout s'arrange, selon ces dispositions, dans un affreux silence : le Roi craignant de faire manquer l'entreprise par trop de pitié, n'ose sauver le Comte de la Rochefoucauld qu'il aimoit : le voyant sur le soir prêt à sortir du louvre, Charles l'invite, le presse d'y rester ; le Comte refuse : Charles ne pouvant le retenir sans risquer d'être deviné, l'abandonne à son sort, gémissant au fond du cœur de se voir forcé de le sacrifier à la sûreté de son secret. Triste & morne, le Roi attend avec une secrette horreur l'heure fixée pour le massacre : sa mere le rassure & l'encourage ; il se laisse arracher l'ordre pour le signal, sort de son appartement, entre dans un cabinet tenant à la porte du louvre, & regarde dehors avec inquiétude. Sa mere & son frere ne le quittoient pas. Un coup de pistolet se fait entendre. *Ne saurois dire en quel endroit*, rapporte le Duc d'Anjou, *ni s'il offensa quelqu'un ; bien sais-je que le son nous blessa tous trois si avant*

CHARLES IX
1572.

Signal du massacre.
Comment.
liv. X, p. 31.
Mém. de Villeroi.

Livre quatrième.

dans l'esprit, qu'il offensa nos sens & notre jugement, épris de terreur & d'appréhension des grands désordres qui s'alloient lors commettre. Ils envoyerent en diligence un Gentilhomme dire au Duc de Guise de ne rien entreprendre contre l'Amiral, ce qui auroit suspendu tout le reste; mais il étoit déja trop tard.

Le vindicatif Guise avoit à peine attendu le signal pour se rendre chez l'Amiral. Au nom du Roi, les portes sont ouvertes, & celui qui en avoit rendu les clefs est poignardé sur le champ. Les Suisses de la garde Navarroise surpris, fuient & se cachent; trois Colonels des troupes françoises, accompagnés de Petrucci Siennois, & de Bême Allemand, escortés de soldats, montent précipitamment l'escalier, & fonçant dans la chambre de Coligni : *A mort*, s'écrient-ils tous ensemble d'une voix terrible. Au bruit qui se faisoit dans sa maison, l'Amiral avoit jugé d'abord qu'on en vouloit à sa vie; il s'étoit levé, &, appuyé contre la muraille, il faisoit ses prieres. Bême l'apperçoit le premier. *Est-ce toi qui es Coligni*, lui

CHARLES IX.
1572.

Meurtre de l'Amiral.

L'Esprit de la Ligue.

<small>CHARLES IX
1572.</small>

dit-il ? *C'est moi-même*, répond celui-ci d'un air tranquille. *Jeune homme, respectes mes cheveux blancs.* Bême lui enfonce son épée dans le corps, la retire toute fumante, & lui coupe le visage ; mille coups suivent le premier : l'Amiral tombe nageant dans son sang. *C'en est fait*, s'écrie Bême par la fenêtre. *M. d'Angoulême ne le veut pas croire*, répond Guise, *qu'il ne le voie à ses pieds.* On précipite le cadavre ; le Duc d'Angoulême essuie lui-même le visage pour le reconnoître, & on dit qu'il s'oublia jusqu'à le fouler aux pieds.

<small>Massacre dans la ville. D'*Aubigné*, tome II, l. I. p. 548.</small>

Aux cris, aux hurlements, au vacarme épouvantable qui se fit entendre de tous côtés, si-tôt que la cloche du Palais sonna, les Calvinistes sortent de leurs maisons à demi-nus, encore endormis & sans armes : ceux qui veulent gagner la maison de l'Amiral, sont massacrés par les compagnies des gardes postées devant sa porte ; veulent-ils se réfugier dans le louvre, la garde les repousse à coups de piques & d'arquebuses ; en fuyant, ils tombent dans les troupes du Duc de Guise & dans les patrouilles bourgeoifes, qui en font un horrible carnage. Des rues on paffe dans les maifons, dont on enfonce les portes; tout ce qui s'y trouve, fans diftinction d'âge ni de fexe, eft maffacré; l'air retentit des cris aigus des affaffins, & des plaintes douloureufes des mourants : le jour vient éclairer la fcene affreufe de cette fanglante tragédie. *Les corps détranchés tomboient des fenêtres, les portes cocheres étoient bouchées de corps achevés ou languiffants, & les rues, de cadavres qu'on traînoit fur le pavé à la riviere.*

<small>CHARLES IX 1572.</small>

Ce qui fe paffoit au louvre ne démentoit pas les fureurs de la ville. Les événements arrivés depuis huit jours, que Marguerite de Valois étoit mariée au jeune Henri, Roi de Navarre, avoient fubftitué une fombre trifteffe aux plaifirs que promet ordinairement un nouvel hymen. La contrainte perçoit à travers les divertiffements ordonnés par la Cour : nulle confiance, nul épanchement de joie. La jeune époufe, fufpecte aux Calviniftes par fa Religion, aux Catholiques par fon mariage, n'ofoit feulement pas demander la caufe des mouvements

<small>Et dans le Louvre. *Mém. de Marguerite.*</small>

qu'elle remarquoit. Le soir, veille de la Saint-Barthelemi, la Reine mere appercevant sa fille un peu tard, lui ordonna de se retirer. *Comme je faisois la révérence*, dit Marguerite, *ma sœur de Lorraine me prend par le bras, m'arrête, & se prenant fort à pleurer, me dit : Mon Dieu, ma sœur, n'y allez pas !* A ce mouvement, Catherine s'irrite, & reproche à sa fille ainée son imprudence. *Quelle apparence*, répond celle-ci, *de l'envoyer ainsi sacrifier ? S'ils découvrent quelque chose, ils se vengeront sur elle*. Cette altercation finit par de nouveaux ordres à Marguerite de se retirer : sa sœur l'embrasse fondante en larmes. *Et moi*, dit-elle, *je m'en allai toute transie & toute éperdue, sans pouvoir imaginer ce que j'avois à craindre*.

Appellée par son mari, *je trouvai*, ajoute-t-elle, *son lit environné de trente ou quarante Huguenots que je ne connoissois point encore ; toute la nuit ils ne firent que parler de l'accident advenu à M. l'Amiral. Moi, j'avois toujours dans le cœur les larmes de ma sœur, & ne pouvois dormir pour l'appréhension dans laquelle elle m'avoit mise ;*

sans savoir de quoi. La nuit se passa de cette façon, sans fermer l'œil. Au point du jour, Henri se leve, sort de sa chambre, & tous ses Gentilshommes avec lui: la jeune Reine, accablée de sommeil, fait fermer les portes & s'endort.

CHARLES IX.
1572.

Une heure après elle se réveille en sursaut, au bruit que faisoit un homme, qui, frappant contre la porte des pieds & des mains, crioit de toutes ses forces: *Navarre, Navarre!* Sa nourrice, croyant que c'étoit le Roi, ouvre: un homme tout sanglant se jette à corps perdu dans la chambre, poursuivi par quatre archers, qui entrent pêle-mêle avec lui: il avoit un coup d'épée dans le coude, & un coup de hallebarde dans le bras. *Lui, se voulant garantir,* continue Marguerite, *se jette dessus mon lit. Moi, sentant cet homme qui me tenoit, je me jette à la ruelle, & lui après moi, me tenant toujours à travers du corps. Je ne cognoissois point cet homme, & ne savois s'il venoit là pour m'offenser, ou si les archers en vouloient à lui ou à moi. Nous criions tous deux, & étions aussi effrayés l'un que l'autre.*

Enfin, le Capitaine des gardes arriva, qui renvoya les archers, & accorda la vie à cet homme, aux prieres de la Reine ; il l'emmena ensuite elle-même à l'appartement de sa sœur, la Duchesse de Lorraine : comme elle entroit dans l'antichambre, un Gentilhomme fut percé d'un coup de hallebarde à trois pas ; elle tomba presqu'évanouie, & ne se rassura que quand elle fut avec sa sœur.

Danger que courent le Roi de Navarre & le Prince de Condé. Sulli, t. I, p. 68.

Sa premiere inquiétude fut pour le Roi son mari ; on lui dit qu'il étoit en sûreté : Charles IX l'avoit mandé, ainsi que le Prince de Condé. *Il les reçut avec un visage farouche, & des yeux ardents de courroux*, & leur dit que c'étoit par son ordre qu'on venoit de tuer l'Amiral & les autres chefs des rebelles ; que pour eux, persuadé qu'ils avoient été entraînés dans la révolte, moins de leur propre mouvement que par de mauvais conseils, il étoit prêt à leur pardonner, pourvu qu'ils abjurassent leur fausse Religion, & professassent la Catholique. Sur leur réponse ambiguë & embarrassée, Charles leur donna trois jours.

Du lieu où cette scene se passoit, ils pouvoient entendre les derniers cris

Livre quatrieme. 47

de leurs amis qu'on égorgeoit dans le louvre. Les gardes ayant formé deux haies, tuoient à coups de hallebardes les malheureux qu'on amenoit défarmés, & qu'on pouffoit au milieu d'eux, où ils expiroient les uns fur les autres entaffés par monceaux. La plupart fe laiffoient percer fans rien dire, d'autres atteftoient la foi publique & la parole facrée du Roi. *Grand Dieu!* s'écrioient-ils, *prenez la defenfe des opprimés. Jufte Juge, vengez cette perfidie!*

Le maffacre dura trois jours, & il y a peu de familles diftinguées qui ne trouvent dans la lifte des profcrits quelqu'infortuné de fon nom. La Rochefoucauld, Cruffol, Téligni, Pluviaut, Berny, Clermont, Lavardin, Caumont de la Force, Pardaillan, Lévi, & mille autres braves Capitaines, périrent par le poignard : quelques-uns fe fauverent, entre lefquels on compte Rohan, le Vidame de Chartres, Montgommeri. Grammont, Duras, Gamaches, Bouchavannes, obtinrent grace du Roi : les Guifes en épargnerent auffi quelques-uns ; mais ces exemples d'humanité furent rares.

<small>Charles IX 1572.</small>

<small>Multitude des profcrits. *Brantôme*, t. IX, p. 23.</small>

Saignez, s'écrioit l'impitoyable Tavannes, *saignez ; les médecins disent que la saignée est aussi bonne en ce mois d'Août comme en Mai.* Le Duc de Guise, le Duc de Montpensier, & le bâtard d'Angoulême, se promenant dans les rues, disoient que c'étoit la volonté du Roi, qu'il falloit tuer jusqu'au dernier, & écraser cette race de serpents. Excitées par ces exhortations, les compagnies bourgeoises s'acharnerent au massacre de leurs concitoyens comme elles l'avoient promis, & on vit un nommé Crucé, orfevre, montrant son bras nu & ensanglanté, se vanter que ce bras en avoit égorgé plus de quatre cents en un jour.

Il ne faut pas croire que la Religion seule éguisa les poignards : plusieurs Catholiques, reconnus pour tels, périrent dans le tumulte ; des héritiers tuerent leurs parents, des gens de lettres leurs émules de gloire, des amants leurs rivaux de tendresse, des plaideurs leurs parties : la richesse devint un crime, l'inimitié, un motif légitime de cruauté, & le torrent de l'exemple entraîna dans les excès les plus

Marginalia:
CHARLES IX 1572.

Différents motifs des massacreurs.
Brantôme tome VII. p. 16.
Comment. liv. X, pag. 19 & 441.
D'Aubigné, t. II, liv. XI, p. 556.

plus incroyables des hommes faits pour donner aux autres des leçons d'honneur & de vertu. Brantôme rapporte que plusieurs de ses camarades, Gentilshommes comme lui, y gagnerent jusqu'à dix mille écus; les pillards n'avoient pas honte de venir offrir au Roi & à la Reine les bijoux précieux, fruits de leur brigandage, & ils étoient acceptés.

Les violences commises sous les yeux de la Reine Marguerite, prouvent que les meurtriers étoient incapables d'égards. Brion, gouverneur du Prince de Conti, vieillard octogénaire, se voyant poursuivi par les assassins, prit entre les mains son jeune éleve, comme une sauve-garde; mais il n'en fut pas moins poignardé, malgré les efforts du Prince, *qui mettoit ses petites mains au-devant des coups.* Enfin, il n'y eut genre de cruauté qui ne fût commise: des enfants de dix ans tuerent des enfants au maillot, & on vit des femmes de la Cour parcourir effrontément de leurs yeux les cadavres nus des hommes de leur connoissance, cherchant matiere à des observations licen-

Tome II. C

CHARLES IX
1572.
Fureur du Roi & du peuple.
Brantôme, tome IX, p. 410.

cieuses, qui les faisoient éclater de rire.

Le fougueux Charles, une fois livré à son caractere impétueux, ne connut plus de bornes: on l'accuse d'avoir tiré lui-même sur les malheureux Calvinistes qui fuyoient. Il ne se tint pas renfermé dans son palais pendant ces jours de sang : il en sortit, & se promena par la ville, accompagné de sa Cour ; cortege brillant, qui faisoit un contraste révoltant, avec les traces du massacre imprimées sur toutes les murailles. Il alla à Montfaucon, où sont les fourches patibulaires de Paris, voir le corps de l'Amiral. Tout ce que peut imaginer la rage d'une multitude forcenée, fut exercé sur ce cadavre par la populace de Paris ; ils le traînerent par les rues, & le mutilerent de la maniere la plus indigne ; ils le plongerent dans la riviere, ne l'en retirerent que pour le jeter au feu, d'où on l'arracha à demi-consumé, pour le porter à Montfaucon, où il fut pendu par les cuisses à des crochets de fer.

Aventure de Vezins & de Regnier.

Entre tant de traits de barbarie, les Historiens n'en ont conservé qu'un de générosité, qui même porte encore l'empreinte de la férocité du siecle. Vezins, Gentilhomme du Querci, étoit depuis long-temps brouillé avec un de ses voisins, nommé Regnier, Calviniste, dont il avoit plus d'une fois juré la mort : tous deux se trouvoient à Paris, & Regnier trembloit que Vezins, profitant de la circonstance, ne satisfît, aux dépens de sa vie, la haine invétérée qu'il lui portoit. Comme il étoit dans ces alarmes, on enfonce la porte de sa chambre, & Vezins entre l'épée à la main, accompagné de deux soldats. *Suis-moi*, dit-il à Regnier d'un ton dur & brusque : celui-ci consterné, passe entre les deux satellites, croyant aller à la mort; Vezins le fait monter à cheval, sort de la ville en hâte : sans s'arrêter, sans dire un seul mot, il le mene jusqu'en Querci dans son château. *Vous voilà en sûreté, lui dit-il : j'aurois pu profiter de l'occasion pour me venger ; mais entre braves gens, on doit partager le péril ; c'est pour cela que je vous ai sauvé. Quand vous voudrez, vous me trouverez prêt à vuider notre querelle, comme il convient à des*

<small>CHARLES IX 1572. D'Aubigné, t. II. l. I, p. 559. Sulli, tome I, p. 75.</small>

Gentilshommes. Regnier ne lui répondit que par des protestations de reconnoissance, & en lui demandant son amitié. *Je vous laisse la liberté de m'aimer ou de me haïr*, lui dit le farouche Vezins, *& je ne vous ai amené ici que pour vous mettre en état de faire ce choix.* Sans attendre sa réponse, il donne un coup d'éperon & part.

L'incertitude, l'irrésolution, les aveux faits & rétractés, la contrariété des démarches, tout dénote le trouble qui agitoit l'esprit des auteurs de la Saint-Barthelemi, pendant & après le massacre. Le Roi écrivit le premier jour aux Gouverneurs des provinces, qu'il n'avoit aucune part au désordre, qui étoit le fruit de l'animosité des deux maisons de Guise & de Châtillon; qu'ils eussent donc soin de faire entendre à tout le monde que ce qui venoit d'arriver n'apporteroit aucun changement aux Edits de pacification, & qu'il commandoit que chacun restât tranquille; mais dès le lendemain on dépêcha à toutes les villes considérables des Catholiques accrédités, chargés d'ordres verbaux tout contraires.

Livre quatrieme.

Enfin, le troisieme jour, le Roi se rendit au Parlement, où il tint son lit de justice. Il y déclara qu'après une suite non interrompue de révoltes & d'attentats contre son Souverain, mille fois pardonnés, Coligni avoit comblé ses crimes, par la résolution d'exterminer le Roi, la Reine, les Ducs d'Anjou & d'Alençon, & le Roi de Navarre, quoique de la même Religion; qu'après ces assassinats, l'Amiral avoit dessein de mettre sur le Trône le Prince de Condé, & de s'en défaire ensuite pour y monter lui-même, lorsqu'il l'auroit rendu vacant par l'extinction totale de la famille royale. Cette déclaration, si elle eût été appuyée de preuves solides, devoit être faite dès le premier jour, & rien n'étoit plus capable de justifier les excès auxquels on se porta. Ce fut la réflexion du Président de Thou, qu'on vit gémir d'être forcé, par sa place de premier Président au Parlement, d'approuver en apparence les faux motifs suggérés au Roi.

Charles, en donnant son consentement à la Saint-Barthelemi, crut que l'odieux tomberoit sur les Guises, &

CHARLES IX
1571.
Il va au Parlement.

Prend sur lui le massacre.

ce fut le but de sa premiere déclaration. On ne le laissa pas long temps dans cette agréable espérance : la Reine mere, qui savoit tourner cet esprit susceptible, le plaça habilement entre sa gloire & son autorité. Outre les inconvéniens de voir rallumer une guerre plus furieuse entre les Guises & les Montmorencis, dont les derniers voudroient venger la mort de Châtillon, tant qu'ils en croiroient les Princes Lorrains seuls coupables, elle fit entendre à son fils que rejeter cette action sur d'autres, ce seroit avouer sa foiblesse & son impuissance ; qu'il ne faut pas que dans un Royaume rien paroisse arriver sans l'aveu du Souverain, qu'autrement il est bientôt méprisé, & exposé à voir tout bouleversé dans son Etat.

Selon la coutume des caracteres extrêmes, le jeune Charles une fois convaincu de ces maximes, ne connut plus de modération ; il autorisa de son nom le massacre qui se fit dans les provinces ; il fut horrible à Meaux, à Angers, à Bourges, à Orléans, à Lyon, à Toulouse, à Rouen, sans compter les petites villes, les bourgs & les

Livre quatrieme.

châteaux particuliers, où les Seigneurs ne furent pas toujours en sûreté contre la fureur des peuples ameutés. Les cadavres pourriffoient fur la terre fans fépulture ; & plufieurs rivieres furent tellement infectées des corps qu'on y jetoit, que ceux qui en habitoient les bords ne voulurent de long-temps boire de leurs eaux, ni manger de leur poiffon.

Ajoutons, pour la fatisfaction du lecteur, rebuté de tant d'horreurs, que quelques Commandants de province refuferent de fe prêter à l'exécution de ces ordres fanguinaires ; le Comte de Tendes, en Provence ; Gordes, en Dauphiné ; Chabot-Charni, en Bourgogne ; Saint-Héran, en Auvergne ; de la Guiche, à Mâcon. De pareils noms doivent aller à la poftérité. Jean Hennuyer, Jacobin, Evêque de Lifieux, obtint de celui à qui les lettres de la Cour étoient adreffées, qu'il furfeoiroit au maffacre, & par ce fage délai il fauva les Calviniftes de fa ville & de fon diocefe. Le Vicomte d'Orthe, Commandant à Bayonne, écrivit au Roi : *Sire, j'ai communiqué le commande-*

Charles IX. 1572.

Quelques Gouverneurs refufent d'obéir.
Mézeray, tome II, p. 1107.

ment de votre Majesté à ses fideles habitants & gens de guerre de la garnison. Je n'y ai trouvé que bons citoyens & braves soldats, mais pas un bourreau ; c'est pourquoi, eux & moi, supplions très-humblement votre Majesté de vouloir employer nos bras & nos vies en choses possibles ; quelque hasardeuses qu'elles soient, nous y mettrons jusqu'à la derniere goutte de notre sang. On respire, en voyant du moins que l'humanité n'étoit point bannie de tous les cœurs ; mais la mort précipitée du Vicomte d'Orthe & du Comte de Tendes, a fait croire que leur générosité fut récompensée par le poison (a).

(a) ,, Mandelot, Gouverneur de Lyon, ayant appris ,, que quelques Huguenots avoient échappé à la vigi- ,, lance des meurtriers, il voulut contraindre le bourreau ,, de les aller tuer ; mais ce brave homme lui répondit ,, qu'il n'étoit point un assassin & qu'il ne travailloit ,, qu'en conséquence des ordres de la Justice. 4000 Ci- ,, toyens furent égorgés dans ce jour. Un Boucher, ,, qui s'étoit signalé par le grand nombre d'Huguenots ,, qu'il avoit assommés, en fut récompensé, par l'hon- ,, neur qu'il reçut d'être invité à la table du Légat, ,, lorsqu'il passa par cette ville. *Abrég. Chronol. de l'histoire de Lyon*. Il n'y eut point de massacre à Senlis : *De Thou*, liv. 52, fait honneur de cette retenue au milieu du délire général, aux Montmorencis, à qui appartenoit Chantilli ; il suppose que le Maréchal vint exprès à Senlis, pour sauver les Calvinistes ; mais Mallet & Vautier, deux habitants de la ville, témoins oculaires, qui ont laissé un Journal de tout ce qui se passoit alors, ne font aucune mention de la présence du Ma-

Livre quatrieme. 57

Il est étonnant que de tant de braves Capitaines, deux hommes seuls se soient défendus : Guerchi, qui, le bras enveloppé de son manteau, combattit long-temps dans la maison de l'Amiral, & ne fut accablé que par le nombre ; & Taverny, Lieutenant de la maréchaussée, *homme de robe longue*, qui, avec un seul valet, soutint dans sa maison comme un siege de neuf heures. Une semblable résistance de plusieurs autres, auroit donné au gros le temps de se reconnoître : mais comme si la surprise eût engourdi tous les sens, à peine songeoient-ils à fuir ; & semblables à des victimes dévouées à la mort, ils tendoient le col à ceux qui les égorgeoient.

L'épouvante fit des conversions, dont la plupart durerent autant que la crainte : mais ce motif ne fut pas

Charles IX 1572. Aucuns Calvinistes ne se défendent. Pasquier, l. V, lett. 11.

Conversion forcée du Roi de Navarre, du Prince de

---

réchal ; ils disent simplement que sur les ordres venus de Paris contre les Huguenots le 24 Août, jour même de la St. Barthelemi, les habitans s'assemblerent & qu'ayant horreur de tremper leurs mains dans le sang de leurs concitoyens, ils leur enjoignirent seulement de sortir de la ville, ce qui s'exécuta sans bruit & sans tumulte : ainsi il est vraisemblable que le salut des Calvinistes est dû plutôt à l'humanité des habitants qu'à des insinuations étrangeres.

victorieux sur tous également; au contraire, Henri de la Tour d'Auvergne, Vicomte de Turenne, dit que l'horreur de la Saint-Barthelemi le porta à se faire Calviniste. Il manquoit un dernier triomphe à la Cour, & tant de violences devenoient inutiles, si ceux qui approchoient le plus du Trône persistoient dans leur obstination. Tous les jours des Théologiens choisis catéchisoient le Roi de Navarre & le Prince de Condé; leurs amis y joignoient des exhortations, des prieres, & jusqu'à des menaces; on eut même, s'il faut en croire les Historiens Calvinistes, l'adresse de ménager l'abjuration d'un fameux Ministre, nommé Durozier, dans l'espérance que cet exemple les gagneroit; mais ils différoient toujours, sous prétexte d'avoir besoin d'une plus ample instruction.

Ennuyé de ces délais, Charles IX, dans un mouvement impétueux de colere, ordonne qu'on lui apporte ses armes, que le régiment des Gardes se range autour de lui, & qu'on lui amene les Princes. La jeune Reine son épouse, Princesse pleine de douceur

marginalia: Charles IX 1572. Condé, & autres. De Thou, liv. LIII. Davila, liv. V. Mém. de Tur. p. 57. Comm. liv. XX, p. 51.

& d'humanité, déja très-touchée de ce qui s'étoit passé, se jeta à ses genoux, & obtint que cet appareil menaçant fût contremandé. Mais quoiqu'adouci, l'abord de Charles fut encore terrible pour les Princes. *Mort, Messe ou Bastille*, leur dit-il, d'un ton foudroyant. Le Roi de Navarre, & sa sœur Catherine de Bourbon, cédérent. Le Prince de Condé montra d'abord quelque fermeté, & plia ensuite, ainsi que Marie de Clèves sa femme, & Françoise d'Orléans sa belle-mere. Tous écrivirent au pape, & reçurent l'absolution par le ministere du Cardinal de Bourbon leur oncle. Le Roi de Navarre fit plus : il ordonna dans ses Etats le rétablissement de la Religion Catholique, & défendit l'exercice de la Réformée.

Le Conseil par ces conversions, auxquelles on donna toute la célébrité possible, crut constater l'utilité de la Saint-Barthelemi, & résolut en outre d'en persuader la nécessité par une autre action non moins éclatante. Briquemaut & Cavagne, le premier excellent Capitaine, le second habile négociateur, tous deux parfaitement

On fait le procès à Briquemaut & à Cavagne.

instruits des secrets du parti, après avoir échappés au premier emportement des *massacreurs*, furent découverts, tirés de leur asyle & mis en prison. La Cour s'imagina qu'un procès fait dans les regles à ces deux chefs, procès par lequel il paroîtroit que les Calvinistes avoient médité les premiers la destruction des Catholiques, en commençant par le Roi, seroit le meilleur moyen de justifier aux yeux de l'univers les mesures prises contre eux, à titre de représailles & de précautions. Déja on agissoit sur ce plan contre la mémoire de l'Amiral : le procès fait aux deux prisonniers eut la même issue.

Briquemaut & Cavagne furent condamnés à être pendus, comme atteints & convaincus de toutes les noirceurs reprochées aux Calvinistes. Ce Briquemaut, si intrépide à la tête de ses soldats, ne montra que foiblesse devant ses juges : tant il y a de différence entre s'exposer volontairement à une mort brusque & réputée glorieuse, & la voir approcher précédée de tourments, & suivie de l'infamie ! Pour racheter sa vie, il proposa d'abord de servir contre la Rochelle, dont il avoit dirigé les fortifications, & d'indiquer les endroits foibles. Cette offre rejetée, il promit de reconnoître que Coligni & les autres avoient véritablement conspiré contre le Roi, & d'en faire un aveu public.

Cavagne, témoin du trouble de son ami, attaché à la même chaîne, & entouré comme lui des Ministres de la mort, le regarda avec compassion. Il lui parla : Briquemaut rougit de sa lâcheté, & retrouva son ancienne intrépidité pour aller au supplice. Ils y furent traînés sur la claie. Le peuple toujours prêt à prendre les passions qu'on veut lui inspirer, les chargea d'injures comme des malfaiteurs publics, les couvrit d'ordures & de boue, & mutila cruellement leurs cadavres.

On traîna avec eux l'effigie de l'Amiral, faite de paille. Tout ce qu'on peut imaginer pour flétrir un homme éternellement, fut accumulé dans l'arrêt porté contre sa mémoire. Il y étoit dit que son effigie portée de la greve à Montfaucon, resteroit dans l'endroit le plus élevé ; que ses armes seroient traînées à la queue des chevaux par l'exécuteur de la haute justice, dans les principales villes du Royaume; injonction de lacérer & briser ses portraits & ses statues, par-tout où elles se trouveroient; de raser son château de Châtillon-sur-Loing, sans qu'il pût jamais être rétabli; de couper les arbres à quatre pied de haut; de semer du sel sur la terre, & d'élever au milieu des ruines une colonne où l'arrêt seroit gravé. Enfin, tous ses biens furent confisqués, ses enfants déclarés roturiers, & inhabiles à jamais posséder aucune charge. Le même arrêt ordonnoit une procession solemnelle tous les ans, le jour de la Saint-Barthelemi, pour remercier Dieu d'avoir en ce jour préservé le Royaume des mauvais desseins des Hérétiques.

Ce fut le dernier coup porté contre Coligni, & comme la derniere scene de cette sanglante tragédie. Avec moins de sécurité, cet homme si prudent dans les autres actions de sa vie, auroit épargné à lui-même le plus terrible des malheurs, & à la France une blessure dont les profondes cicatrices l'ont défigurée long-temps. Mais on peut remarquer dans l'histoire de nos troubles, que le bras vengeur de Dieu étoit étendu sur tous ceux qui soufflant aux peuples leurs antipathies & leurs animosités, les entraînoient dans des guerres, sources de toutes sortes de crimes. Le premier des Guises fut tué par un assassin. Le Maréchal de Saint-André, un des Triumvirs, périt dans le champ d'honneur, mais également assassiné. Le premier Prince de Condé eut le même sort. Antoine de Bourbon, Roi de Navarre, & le Connétable de Montmorenci, moururent de leurs blessures. Enfin, l'Amiral, le Cardinal de Châtillon son frere, & une foule de noblesse la plus distinguée des deux Religions, périrent dans l'espace de douze ans, par tous les genres de mort que la rage & la fureur sont capables d'inventer.

Charles IX 1572.

A travers les pieges tendus sous ses pas, & les dangers qui menaçoient sa tête, Coligni marcha toujours avec intrépidité au but qu'il s'étoit proposé. Il avoit les qualités les plus nécessaires à un chef de parti, la fermeté & le talent de la persuasion. Général malheureux, il ne fit presque pas une

Brantôme, tome VIII. page 209.

entreprise sans être battu ; mais après la déroute, ses ennemis le retrouvoient supérieur aux coups du sort, & il sembloit commander à la fortune. Quand le découragement se mettoit dans ses troupes battues & dispersées, fuyant sans pain, sans habits, sans asyles, sollicitées à la désertion par l'argent & les graces, son air tranquille & serein les rassuroit : il n'y avoit point de soldat qui, à voir la hardiesse des projets qu'il formoit, après les revers les plus fâcheux, ne lui supposât des ressources secrettes capables de tout réparer, & ne s'attachât davantage à lui : point de Gentilhomme, qui, à l'entendre exposer les motifs de ses actions, ne le regardât comme un Héros qui se sacrifioit à l'intérêt unique de ceux qui l'écoutoient. Son discours étoit noble, pur & énergique. Il nous en reste un échantillon dans la *Relation du siege de Saint-Quentin*, ouvrage de sa jeunesse. On y remarque beaucoup d'élégance, & des tours de phrase qui ont enrichi la langue. Coligni, outre ces qualités avoit des mœurs irréprochables, séveres même, vertu essentielle dans

Livre quatrieme.

une guerre de Religion. Il étoit bon mari, bon pere, mais *ennemi sombre*, le plus laborieux des hommes, d'un secret impénétrable, jouissant d'un crédit sans égal parmi les siens, & de la plus grande réputation chez l'étranger.

La nouvelle de sa mort & du massacre, fut reçue à Rome avec les transports de la joie la plus vive. On tira le canon, on alluma des feux, comme pour l'événement le plus avantageux. Il y eut une messe solemnelle d'actions de graces, à laquelle le pape Grégoire XIII assista avec l'éclat que cette Cour donne aux cérémonies qu'elle veut rendre célebres. Le Cardinal de Lorraine récompensa largement le courier, & l'interrogea en homme instruit d'avance. Brantôme raconte que le Souverain Pontife versa des larmes sur le sort de tant d'infortunés. *Je pleure*, dit-il, *tant d'innocents qui n'auront pas manqué d'être confondus avec les coupables; & possible qu'à plusieurs de ces morts Dieu eût fait la grace de se repentir*. Sentiment de compassion qui n'est pas incompatible avec les démonstrations

CHARLES IX
1572.

Ce qu'on pense de la S Barthelemi à Rome.
Stratagém. p. 99.
Brantôme, tome VIII. p. 190.

66 *L'Esprit de la Ligue.*

CHARLES IX
1572.

contraires que la politique exigeoit, pendant que la pitié réclamoit au fond des cœurs les droits de l'humanité si étrangement violés. (*b*)

En Allemagne.

Il n'y eut qu'un cri en Allemagne au sujet de la barbarie exercée contre les prétendus Réformés de France. On disoit que c'étoit une action exécrable, qui réunissoit tous les rafinements de fourberie, de méchanceté, de perfidie, employés séparément dans la suite des siecles par les tyrans les plus cruels. Il parut une foule d'écrits pleins de ces reproches. La Cour de France y fut d'autant plus sensible, qu'elle songeoit alors à briguer la Couronne de Pologne pour le Duc d'Anjou, & que cette prévention générale des Allemands ne faisoit pas bien augurer du succès de l'entreprise. On leur envoya des députés chargés de les adoucir. On fit aussi courir des apologies, dont les unes excusoient le tout, d'autres simplement une partie; mais toutes fondoient la nécessité du massa-

_____

(*b*) On voit dans les cabinets des curieux une médaille, qui porte d'un côté la tête de Gregoire XIII, de l'autre un ange exterminateur, qui frappe les Huguenots, dont les uns fuient, les autres sont renversés sous ses pieds; & pour exergue: *Hugonotorum Strages.* 1572.

cre sur la conjuration de l'Amiral, comme sur un crime avéré par l'arrêt du Parlement ; crime sur lequel cette preuve ne laissoit pas le moindre doute. Mais malgré ces palliatifs, il resta toujours chez les Allemands une persuasion désavantageuse aux auteurs de cette atrocité.

CHARLES IX
1572.

En Espagne, on vit les choses d'un autre œil. Philippe II, après avoir lu la relation que la Cour de France lui adressa, l'envoya à l'Amiral de Castille : celui-ci en fit lecture à sa table, où étoit le Duc de l'Infantandade. *L'Amiral & ses partisans étoient-ils Chrétiens*, demanda naïvement ce jeune Duc ? *Sans doute*, répondit l'Amiral de Castille. *Et comment se peut-il*, reprit le Duc, *que puisqu'ils sont François & Chrétiens, ils s'assassinent ainsi comme des bêtes ? Doucement, Monsieur le Duc*, dit l'Amiral, *ne savez-vous pas que la guerre de France est la paix d'Espagne ?*

En Espagne.
Brantôme,
tome VIII.
p. 189.

En effet, si Coligni eût été cru, & si Charles IX avoit envoyé les Calvinistes contre le Duc d'Albe en Flandre, le Roi d'Espagne se seroit trouvé fort embarrassé ; au lieu que par le

CHARLES IX
1572.

moyen des troubles, suites nécéssaires de la Saint-Barthelemi, il se voyoit pour long-temps délivré des François, assez occupés de leurs propres querelles. Ce n'étoit pas ce que la Cour de France avoit espéré; elle s'étoit flattée, au contraire, qu'après cette exécution les Religionnaires, comme un corps épuisé de sang, ne seroient plus que languir, & se détruiroient d'eux-mêmes. Pour hâter leur ruine, en leur ôtant toute espece d'autorité, le Roi, par un Edit, les dépouilla de leurs charges, dans la robe comme dans l'épée, sans excepter ceux même qui avoient fait abjuration; mais bientôt de nouveaux événements exigerent d'autres mesures.

Quatrieme guerre civile.
Comment.
l. II, p 61.

Les Réformés qui échapperent à la premiere fureur, se sauverent, les uns chez des amis fideles, d'autres dans les pays étrangers. La veuve & les enfants de Coligni passerent à Geneve; plusieurs se réfugierent en Angleterre, en Suisse, en Allemagne, chez les Confédérés des Pays-bas; le plus grand nombre, dans les villes de sûreté les plus voisines de leurs demeures; à Montauban, à Nîmes, à

Sancerre, dans les pays coupés & aifés à défendre, comme le Vivarez, le Rouergue & les Cévennes. D'abord l'épouvante ne leur permit pas de croire qu'il fût jamais poffible de s'y foutenir ; ils fe flattoient tout au plus d'y refter quelque temps, jufqu'à ce qu'ils puffent trouver des afyles plus fûrs, & ils traitoient de téméraires ceux d'entr'eux qui parloient de fe défendre.

Mais ils changerent de langage, quand ils virent qu'on ne les preffoit pas fur le champ, comme ils avoient appréhendé, que le Roi n'avoit point d'armée fur pied, qu'ils pouvoient compter fur la protection fecrette de quelques Seigneurs Catholiques fenfibles à leur malheur, entr'autres des Montmorencis, qui avoient eux-mêmes couru de grands rifques à la Saint-Barthelemi ; qu'enfin la Cour, au lieu des coups de vigueur, employoit avec eux les promeffes & les exhortations ; qu'on appréhendoit même jufqu'à leur défertion, puifque le Roi, pour les empêcher de quitter le Royaume, donna le 28 Octobre un Edit portant défenfe de les inquiéter, ordre de leur rendre leurs biens, & assurance de sa protection : alors l'espérance succéda à l'abattement.

Quelques petits succès dans les marais du Poitou, dans la Guyenne & le Languedoc, enflerent le courage des Réformés : ils écrivirent de tous côtés, & réclamerent le secours de leurs anciens amis les Anglois, surtout pour la Rochelle, qui paroissoit menacée la premiere.

Siege de la Rochelle.
De Thou, liv. LVI.
Davila, livre. V.
Pasquier, l. V. lett. 12. & 13.
Mém. de Tavan. pag. 463.

Cette ville, & celle de Sancerre, furent attaquées par les armes ; Nîmes & Montauban, par les offres & les exhortations. Ces places étoient regardées comme les derniers asyles, la derniere ressource des Religionnaires, & on se flattoit qu'après leur prise ils seroient obligés de s'abandonner à la merci de la Cour. La Rochelle attiroit la principale attention, parce qu'elle étoit la plus forte, & qu'on croyoit que sa chûte entraîneroit celle des autres ; mais par une inconséquence fort ordinaire sous ce regne, on lui laissa le temps de faire des provisions, de réparer ses fortifications, de se ménager même des secours du côté de l'Angleterre ; &

Livre quatrieme.

ce ne fut qu'après avoir souffert tous ces préparatifs, que Biron, à la tête d'une grosse armée, commença les approches.

Autre chose non moins singuliere, c'est que le Commandant qui défendit long-temps cette ville, fut donné aux Rochelois par Charles IX lui-même. C'étoit le brave la Noue. Pendant le massacre de la Saint-Barthelemi, il se trouvoit heureusement dans le Hainaut, où il avoit été envoyé pour frayer le chemin à l'Amiral, & commencer la guerre des Pays-bas. N'étant pas assez fort pour se soutenir contre le Duc d'Albe, avec le peu de troupes qu'on lui avoit données d'abord, & n'ayant plus d'espérance du côté de la France, il ne savoit où se retirer. Dans cet embarras, il s'adressa au Duc de Longueville, son ancien ami, Gouverneur de Picardie. Celui-ci écrivit à la Cour. La Noue jouissoit d'une réputation de probité égale à sa bravoure. On savoit que soldat intrépide dans l'action, il étoit toujours pour le parti le plus modéré dans le conseil. Plein de droiture, incapable de la moindre

Charles IX 1572.

Le Roi y fait entrer la Noue pour commander.
Amirault, Vie de la Noue.
Mém. de Mornay, p. 4.

duplicité, aimant fa patrie, defirant fincérement la paix, prenant les armes fans ambition, fans intérêt, uniquement comme par un devoir que lui prefcrivoit fa confcience. Il eft certain que fi tous les Calviniftes lui euffent reffemblé, la tranquillité eût bientôt été rétablie en France.

Le Roi le reçut à bras ouverts, le combla de careffes, & lui rendit les biens de Téligni fon beau-frere, qui avoient été confifqués: il lui propofa enfuite de s'employer à infpirer aux Rochelois des fentiments de foumiffion & de paix: la Noue s'en excufa long-temps; mais vaincu par les inftances du Roi, qui le conjuroit de lui rendre ce fervice, preffé du defir de fauver fes freres, il accepta enfin cette commiffion épineufe, à condition qu'on ne fe ferviroit pas de fon miniftere pour les tromper. La Cour lui affocia en fecond l'Abbé Guadagne, Florentin, chargé en fecret d'éclairer fa conduite, & il partit.

Les Députés de la Rochelle, qui allerent le trouver dans un village voifin pour écouter fes propofitions, le traiterent avec une indifférence foup-

Livre quatrieme. 73

soupçonneufe, très-mortifiante pour un homme jaloux de l'eftime de fes amis. *Nous avons été appellés, difoient-ils, afin de conférer avec Monfieur la Noue; mais où eft-il? Nous ne le reconnoiffons point ici.* La Noue, le cœur percé de cet affront, dévora néanmoins fon chagrin en filence, & demanda à entrer dans la ville. L'accueil du peuple ne fut pas plus fatisfaifant : on ne voulut pas délibérer fur les paroles de paix qu'il apportoit, & pour toute réponfe on lui dit qu'il n'avoit qu'un de ces trois partis à choifir ; fe retirer en Angleterre, refter dans la ville fimple particulier, ou devenir leur Général. Après en avoir conféré avec Guadagne, la Noue fe détermina à prendre le commandement.

On vit donc un homme envoyé par le Roi, obtenir toute la confiance des révoltés, & ce même homme, de l'aveu du Roi, refter à la tête de ceux qui faifoient la guerre à leur Prince. La Noue foutint ce double perfonnage de défenfeur de la Rochelle & de Miniftre de la Cour, avec une intégrité qui fit le fujet de l'admira-

CHARLES IX
1573.

Conduite de la Noue.

tion générale. Guerrier infatigable, il ne se permettoit aucun repos, & employoit toute l'habileté que lui donnoit une longue expérience, à mettre en sûreté la ville recommandée à ses soins. Vainqueur dans un assaut ou une sortie, il revenoit conjurer les citoyens d'être moins opiniâtres, & d'accepter les offres avantageuses que le Roi leur faisoit. Plusieurs fois il essuya des affronts de la part des Ministres de sa Religion, trop prévenus contre la paix par les exemples passés, & de la part d'une populace séduite & brutale; mais jamais il ne fut exposé à aucun soupçon. Il souhaitoit mourir dans ces occasions, en voyant un peuple qui lui étoit cher courir à sa perte. Cependant il continuoit ses bons offices, espérant tout du temps & de la patience. Exemple rare d'une probité respectée au point d'être réclamée par les deux partis, dans le moment critique de la plus grande animosité.

Ses exploits. On ne comptoit à la Rochelle que quinze cents hommes de troupes réglées, & deux mille habitants aguerris; mais il y avoit de bonnes fortifications, des munitions de guerre & de bouche en abondance, un courage déterminé jusques dans les femmes, & des espérances assurées d'un secours d'Angleterre. Ce fut avec ces forces, sous le commandement de cinq ou six braves Capitaines, dont la Noue étoit chef, sous le gouvernement de son conseil municipal, présidé par Henri Marchand, Maire en exercice, & Salvert, bourgeois très-autorisé, que cette ville, qui se donna pour lors le titre de république, attendit l'effort d'une armée formidable, dont le Duc d'Anjou étoit Général. Il avoit avec lui le Duc d'Alençon son frere, les autres Princes du sang, l'élite de la Noblesse du Royaume, sans omettre le Roi de Navarre, le Prince de Condé, & beaucoup de Calvinistes cachés, ou leurs partisans, qu'on força de combattre contre leurs anciens amis.

Le siege commença en forme les premiers jours de Février, & tant qu'il dura, les assauts & les sorties furent entre-mêlés de négociations & de conférences. Les pour-parlers n'empêchoient pas, quand on en venoit aux mains, qu'on ne se battît avec le dernier acharnement. Les Rochelois se défendoient en désespérés ; cependant, malgré leur bravoure, ils auroient certainement succombé, s'il y avoit eu le moindre esprit de systême dans l'armée catholique ; mais tout s'y faisoit au hasard : on attaquoit aujourd'hui d'un côté, le lendemain on tournoit de l'autre : l'officier comme le soldat ne connoissoit ni ordre ni discipline. Nul secret dans les délibérations : un assaut étoit ébruité bien avant l'exécution ; chacun y couroit pêle-mêle, non-seulement sans être commandé, mais contre les prieres, contre la défense expresse du Général ; de sorte qu'on perdoit beaucoup de monde, sur-tout de jeunes gens de la premiere noblesse, sans rien avancer. Le Duc d'Aumale, de la maison de Guise, qui étoit chargé du détail du siege, fut tué dès le commencement, & remplacé par le Duc de Nevers. Les Rochelois eurent aussi le plaisir de voir tomber sous leurs coups Cosseins, un des assassins de l'Amiral, & beaucoup d'autres qui s'étoient signalés à la Saint-Barthelemi.

Livre quatrieme.

La joie de leurs succès fut empoisonnée par la retraite de la Noue. Le Duc d'Anjou voyant ses efforts pour la paix inutiles, le fit sommer de quitter la ville : il revint dans l'armée royale, où sa prudence arrêta les effets d'un complot à la vérité mal digéré, mais qui pouvoit avoir des suites.

On a vu que le Duc d'Alençon avoit pour Coligni une affection particuliere : il ne s'en cacha point, même après sa mort tragique ; & ces sentimens lui attacherent beaucoup des anciens partisans de l'Amiral, sur-tout parmi la jeunesse, qui, sensible à l'éclat de la bravoure, regrettoit dans Coligni le plus habile Capitaine de son siecle. Un de ses plus zélés admirateurs étoit Henri de la Tour-d'Auvergne, Vicomte de Turenne. Il n'avoit alors que dix-sept ans, & dans un âge si tendre, il se montroit également propre aux armes & à l'intrigue. Turenne étoit des parties du Duc d'Alençon, & à peu près du même âge ; l'un comme l'autre, ils étoient enflammés du desir de se signaler par quelqu'entreprise extraordinaire.

CHARLES IX
1573.
Il est rappellé.

Sa prudence.
Mém. de Turenne, p. 57.
Mém. de Bouillon, p. 70.

CHARLES IX
1573.

En effet, on ne peut guere attribuer à d'autres motifs qu'à une effervescence de jeunesse, le projet chimérique qu'ils conçurent. Semblables à des enfants mécontents, qui s'imaginent qu'en montrant du dépit, & en menaçant de quitter la maison paternelle, ils obtiendront ce qu'ils desirent, ils crurent qu'ils n'avoient qu'à se jeter dans quelque place forte, comme Angoulême ou Saint-Jean-d'Angéli, déployer des drapeaux, emboucher la trompette, & qu'aussitôt tous les Religionnaires viendroient se ranger autour d'eux ; qu'au pis aller ils se retireroient en Angleterre, & que ce coup d'éclat feroit révolter tout le royaume. Ils avoient encore bien d'autres projets, comme de s'emparer de la flotte du Roi, se joindre aux assiégés, former un corps de troupes des partisans secrets des Cavinistes, dans le camp même, & avec eux tomber sur le reste de l'armée. Le Roi de Navarre & le Prince de Condé ne donnoient que foiblement dans ces idées, tant à cause de leur peu de solidité, que dans la crainte d'être décelés par les gens peu sûrs que le jeune Prince admettoit à sa confiance. Cependant ils ne les rejetoient pas absolument, de peur d'éteindre un feu qui pourroit être plus utilement employé par la suite. Ces Confédérés ne s'accordant pas entr'eux, convinrent de s'en rapporter à la Noue. Il les écouta, pesa leurs raisons; & après leur avoir fait connoître les inconvénients & les dangers de l'entreprise, il obtint d'eux qu'ils y renonceroient.

Au milieu d'Avril arriva le secours d'Angleterre attendu par les Rochelois. Montgommeri commandoit la flotte, qui se trouva plus foible que celle du Roi : elle n'osa même tenter le combat. De tout le convoi, il n'entra dans la ville qu'un seul vaisseau chargé de poudre, dont les assiégés avoient grand besoin. Charles IX qui venoit de signer un traité d'alliance avec Elisabeth, se plaignit amérement de cette infraction. Elle répondit qu'elle n'avoit aucune part à cet armement; que c'étoit une troupe de bannis & de pirates, qui s'étoit mise en mer sans son aveu; quelle n'y prenoit aucun intérêt; & que si on pouvoit les arrêter, elle trouvoit bon qu'on

Secours d'Angleterre pour la Rochelle.

80 *L'Esprit de la Ligue.*

CHARLES IX
1573.

les punît sévérement. Mais ils avoient pris le large, & après quelques courses sur les côtes de Bretagne, Montgommeri fit savoir aux assiégés qu'il retournoit en Angleterre, & qu'il leur améneroit incessamment des secours plus puissants.

Négligence du Duc d'Anjou.

Il n'en fut pas besoin : tout languissoit dans l'armée Royale ; officiers & soldats ne montroient ni ardeur ni émulation, par la faute du chef. Le Duc d'Anjou fit connoître dans ce siege le caractere qui lui fut si funeste dans la suite, c'est-à-dire, une négligence absolue pour tout ce qui lui déplaisoit, quoiqu'essentiel, & un empressement tenant de la passion pour ce qu'il aimoit, quoiqu'inutile. Il avoit formé le siege de la Rochelle : son honneur étoit intéressé à terminer avantageusement une entreprise si éclatante ; mais si-tôt qu'il eut appris que les négociations entamées pour lui faire obtenir la Couronne de Pologne prenoient un tour heureux, il sembla oublier tout ce qui regardoit la France. On ne parloit plus à sa Cour que des agréments du nouveau Royaume, de ses richesses, de la ma-

Livre quatrieme. 81

gnificence des grands, de la docilité du peuple. Tout ce qui n'avoit point rapport à ces objets devenoit indifférent. Par conséquent, point de plan d'attaque régulier, point d'approvisionnement pour les troupes. La disette, suite de cette négligence, désola bien-tôt le soldat; & pour comble de malheur, il se répandit dans l'armée une maladie épidémique, qui fit un affreux ravage.

Les Rochelois savoient bien se prévaloir de ces circonstances. Plus ils voyoient de mollesse dans leurs ennemis, plus ils montroient d'activité : ils avoient les yeux ouverts sur tout ce qui se passoit. Plusieurs fois des émissaires, sortis du camp sous différents prétextes, tenterent de former des factions dans la ville; mais ces intelligences clandestines furent toujours découvertes par le magistrat, & punies avec la derniere rigueur, sur le citoyen, comme sur l'étranger. Dès le commencement du siege, on avoit offert aux Rochelois liberté de conscience, & sureté pour eux seuls. Mille fois, pendant l'espace de cinq mois, les négociateurs renouvellerent

D 5

Charles IX
1573.

Activité des Rochelois,

CHARLES IX.
1573.

les mêmes propositions; mais les assiégés s'obstinerent à ne vouloir point traiter, qu'on ne leur permît d'agir pour tout le parti. Enfin, on se détermina à leur accorder cette satisfaction, & le Duc d'Anjou fit venir dans le camp, des députés de Nîmes & de Montauban, qui s'aboucherent avec ceux de la Rochelle.

Quatrieme Paix.

Cette condescendance étoit une suite des ordres réitérés du Roi. Voyant ses coffres se vuider, son armée périr, & toutes les forces de son Royaume tenues en échec par une seule ville, il envoyoit courier sur courier, avec commandement de faire la paix à quelque condition que ce fût. Les Rochelois obtinrent libre exercice de leur Religion pour eux-mêmes, pour les habitants de Nîmes & ceux de Montauban, & pour les Seigneurs Haut-Justiciers qui n'auroient pas abjuré. On leur accorda que personne ne seroit inquiété au sujet de la Religion, ou des promesses d'abjuration; que tous ceux qui avoient pris les armes pour cette cause, notamment les habitants des trois villes nommées; seroient rétablis dans leurs

Livre quatrieme.

biens & honneurs, & reconnus fideles sujets du Roi.

On prétendit sauver la honte de ces conditions, par des clauses de convention auxquelles les Rochelois se prêterent volontiers : savoir, que des hommes choisis entre les assiégés viendroient supplier le Duc d'Anjou, comme représentant le Roi, de leur pardonner tout le passé ; qu'ils recevroient un Gouverneur ; qu'enfin les trois villes auroient à la Cour, pendant deux ans, quatre députés, comme ôtages de la fidélité de leurs commettants. Ces conditions furent exprimées dans l'Edit de pacification. Les Rochelois ne s'en mirent pas en peine, non plus que des bruits qui coururent alors que le Roi ne leur avoit accordé de si grands avantages, qu'en considération de son frere le Duc d'Anjou, nommé Roi de Pologne, dont le départ pressoit. La paix fut ratifiée le 6 Juillet. Biron, nommé Gouverneur, alla dans la ville la faire publier : il fut traité splendidement à dîner, & revint le soir au camp.

Ce siege coûta à la France quarante mille hommes, & des trésors infinis;

CHARLES IX.
1573.

Punition de Sancerre.

de sorte que le Royaume se trouva plus épuisé par cette guerre de huit mois, qu'il ne l'avoit été par toutes les autres. Les malheureux habitants de Sancerre ne furent compris dans le traité que pour la liberté de conscience, & non pour le privilege d'avoir dans leur ville exercice public de leur Religion. Ils s'étoient toujours flattés, & ils avoient promesse que les Rochelois ne traiteroient pas sans eux; mais se voyant abandonnés, ils ne perdirent point courage, & soutinrent encore deux mois, luttant moins contre les troupes qui les environnoient, que contre la faim. Excités par leurs Ministres, qui, comme ceux de la Rochelle, furent la principale cause de l'opiniâtreté du peuple, ils souffrirent, avant que de se rendre, toutes les extrêmités de la plus horrible famine. De la chair des plus vils animaux, on en vint à leurs cuirs, aux vieux parchemins, qu'on faisoit ramollir dans l'eau; aux grains de toute espece; à la paille hâchée; & des mélanges de suif, de noix, de graisse rance & corrompue; enfin, à la chair humaine. Un pere & une mere déterrerent leur fille, qui venoit de mourir, & la mangerent. action qui fait frémir, dont les habitants eurent eux-mêmes horreur, & qu'ils punirent par la mort des coupables. Enfin, se voyant sans ressource, ils se rendirent. Leur ville fut taxée à une rançon, privée de tous les honneurs municipaux, & démantelée. Charles IX fit grace au peuple. L'intention de la Cour étoit, disoit-on, que le Royaume parût tranquille aux ambassadeurs de Pologne, chargés de venir chercher leur nouveau Roi, afin qu'ils ne remportassent dans leur pays aucune fâcheuse impression.

Montluc, évêque de Valence, principal instrument de cette élection, avoit eu bien de la peine à réussir, à cause des préjugés répandus contre le Duc d'Anjou pour le massacre de la Saint-Barthelemi. Les autres prétendants, aidés des Protestants d'Allemagne, ne manquerent point de faire valoir ce grief. Mais la Reine mere, qui avoit à cœur le succès de cette affaire, fit tant par argent & par promesses, qu'elle l'emporta.

On dit que le motif de l'empressement de Catherine, fut la prédiction

Le Duc d'Anjou Roi de Pologne.
De Thou, liv. LVII.
Davila, liv. V.
Castelnau

<small>CHARLES IX
1573.</small>

des astrologues, qui tirant l'horoscope de ses enfants, lui dirent qu'ils seroient tous Rois. Or, ne comptant point, pour le Duc d'Anjou, sur la couronne de France, portée par un jeune Prince, dont l'épouse donnoit déja des marques de fécondité, elle voulut lui en procurer une étrangere. D'autres prétendent que voyant de la mésintelligence entre Charles IX & son frere, la Reine saisit ce moyen glorieux d'épargner des désagréments à son fils Henri, qu'elle aimoit par préférence.

Sans aller chercher de pareils motifs, il étoit bien naturel que Catherine, par simple amitié pour son fils, tâchât de lui procurer une couronne. Comme il n'est pas non plus étonnant que voyant Charles IX, au moment du départ de son frere, frappé d'une maladie subite, dont les premiers symptomes annonçoient une mort prochaine, elle ait imaginé toutes sortes de délais pour retenir en France celui qu'elle prévoyoit devoir bientôt en occuper le Trône.

<small>Il quitte la France
D'Aubigné,
s. II, l. II.
p. 767.</small>

Mais il fallut partir. Charles traita splendidement les Ambassadeurs: il y eut des fêtes somptueuses, dans lesquelles les deux Rois parurent avec une grace & une majesté qui charma ces étrangers. Le Roi de France n'oublia rien de ce qui pouvoit décorer la sortie de son frere, & apporta tous ses soins à applanir au plutôt les difficultés qu'occasionnoient quelques conditions non réglées en Pologne: on remarqua même de sa part un empressement qui fit soupçonner de l'impatience, sur-tout quand il eut senti les premieres attaques de sa maladie.

Par une foiblesse trop commune, il sembla qu'il tardoit au Monarque de voir éloigner celui que la loi de l'Etat lui marquoit pour successeur. Il le conduisit sur le chemin d'Allemagne, jusqu'à Vitri en Champagne, & la Reine, avec la plus grande partie de la Cour, alla jusqu'en Lorraine. Tout le monde remarqua ce qu'il en coûta à la mere pour se séparer de son fils: elle le serroit dans ses bras; à peine l'avoit-elle quitté qu'elle le reprenoit encore, & mouilloit de ses larmes le visage de son cher fils. Quelques courtisans des plus proches entendirent que pour dernier adieu elle lui dit: *Partez, mon fils; vous n'y serez guere*

88 *L'Esprit de la Ligue.*

CHARLES IX. 1574.

Pronostic qui, selon l'ordinaire, fit faire bien des réflexions après l'événement.

Dépérissement de Charles IX.
Cayet, t. I, p. 125 & s.
D'Aubigné, t. II, liv. I, p. 662.
Brantôme, tome IX, p. 432.
Mém. de Bassompierre, tome I, page 242.

Il y a peu d'exemples d'un sort aussi triste que celui de Charles IX. Depuis l'instant qu'il commença à se connoître, sa vie s'écoula dans les alarmes : elle fut attaquée par quatre conspirations, vraies, ou assez vraisemblables pour tenir son ame dans un état de perplexité plus accablant que l'attentat même. Frappé d'une maladie mortelle, se voyant périr à la fleur de son âge, au lieu des consolations qui ne manquent pas aux plus malheureux, il n'éprouva qu'indifférence de la part de ses proches, complots dans sa propre Cour, rebellions de ses peuples, peines d'esprit de toute espece.

Voltaire.

Dieu, déployant sur lui sa vengeance sévere,
Marqua ce Roi mourant du sceau de sa colere.

Il croyoit voir des spectres ; des songes effrayants le réveilloient en sursaut ; son imagination frappée lui présentoit des ruisseaux de sang, des monceaux de cadavres, & lui faisoit entendre des sons lugubres & des accents plaintifs qui perçoient les airs.

Son caractere changea après la Saint-Barthelemi : de *gracieux* & *bénin*, il devint sombre & farouche ; les impatiences & les emportements, auxquels il avoit toujours été sujet, augmenterent ; il soupiroit tout seul, levoit les yeux au ciel, & sembloit porter dans son cœur un levain de mélancolie qui lui rendoit tout insupportable. Sans prêter un crime à la mere de Charles, on peut dire que les remords & le chagrin furent le seul poison qui abrégea ses jours ; en cela digne de compassion, & plus estimable que les autres auteurs du massacre, qui n'en témoignerent jamais le moindre repentir.

<small>Charles IX 1574.</small>

Tout retentissoit en France du doux nom de paix, & tout annonçoit les troubles les plus funestes. Désunion entre la mere & les enfants, esprit de faction répandu parmi les Seigneurs, mécontentement des peuples, murmures sourds, brigandage ouvert, point de sûreté dans les chemins, nulle police dans les villes, interruption du commerce, enfin tous les désordres de l'anarchie, sous un Roi rebuté de ses peines, ennuyé de vivre, & qui

<small>Intrigue de Cour.
Sully, tome I, ch. VI, p. 80.
Mém. de Marg.
Mém. de Bouillon.
D'Aubigné, tome I.
De Thou, t. X, page 724.</small>

ne sachant à qui se fier, remettoit souvent les affaires entre des mains intéressées à les brouiller.

Son frere, le Duc d'Alençon, étoit un esprit ardent, léger, avide de gloire, mais d'une gloire mal entendue, qu'il faisoit consister dans l'éclat des entreprises, sans consulter la justice. Il étoit aussi jaloux & présomptueux : il avoit vu son frere, le Duc d'Anjou, commander les armées, il vouloit les commander à son tour. Le Duc d'Anjou avoit été Lieutenant général du Royaume, c'en étoit assez à son frere pour vouloir l'être aussi. Ces idées lui étoient suggérées par des gens plus habiles ; les Calvinistes d'une part, & de l'autre les Montmorencis & leurs partisans, c'est-à-dire, tous les mécontents de la Saint-Barthelemi, charmés de pouvoir remuer sous le nom d'un frere du Roi. Ils se servoient, pour éguillonner ce jeune Prince, déja trop porté à brouiller, du crédit qu'avoit sur lui Joseph de Boniface, sieur de la Mole, son favori, aussi imprudent que le maître, & le Comte de Coconnas, un de ces Italiens industrieux qui venoient chercher fortune en France, à l'ombre de la faveur dont jouiſſoit leur nation ſous le gouvernement de Catherine de Médicis. Il entroit dans cette ſociété des perſonnes de tout état, un eſſain de jeunes gens, des femmes, & juſqu'à un aſtrologue, *prometteur magnifique*, qui devoit changer tout l'argent en or, & fournir bien au-delà de ce qui ſeroit néceſſaire pour la dépenſe des entrepriſes qu'on voudroit former. Cette cabale ſe donna le nom important de *Politiques*, ou *Mal-contents*.

Le Roi de Navarre & le Prince de Condé en étoient auſſi. Comme le ſéjour forcé qu'ils faiſoient à la Cour leur paroiſſoit un véritable eſclavage, ils trouvoient bon tout ce qui pouvoit contribuer à les en tirer. Les conférences ſe tenoient tantôt chez la Reine de Navarre, tantôt chez Madame de Sauve, coquette adroite, qui captivoit les cœurs ſans donner le ſien : mais il n'y étoit pas toujours queſtion des intérêts du parti ; les rendez-vous d'affaires en couvroient ſouvent d'autres, dont le but n'étoit pas même un myſtere aſſez caché.

On rapporte que Charles IX, outré des liaisons peu décentes que Marguerite sa sœur entretenoit dans le louvre jusques sous ses yeux, avec la Mole, voulut en faire justice lui-même, & distribua au Duc de Guise & à d'autres confidents, des cordes pour étrangler cet audacieux quand il sortiroit une nuit de l'appartement de cette jeune Reine ; mais, ou averti, ou par hasard, il y resta jusqu'au jour, & ce retard le sauva. Coconnas de son côté étoit aimé de la Duchesse de Nemours, mere du Duc de Guise. Le Duc d'Alençon & le Roi de Navarre se disputoient la conquête de Madame de Sauve ; mais cette concurrence n'altéroit pas leur amitié.

Quand par hasard elle causoit entr'eux quelque froideur, Marguerite, épouse & sœur complaisante, les raccommodoit. Aussi peu fixée dans ses systêmes que son frere le Duc d'Alençon, aujourd'hui elle gardoit un secret inviolable ; le lendemain, épouvantée, elle alloit confier à sa mere que son mari, son cousin le Prince de Condé, & son frere le Duc d'Alençon, devoient quitter la Cour, se

Livre quatriéme. 93

livrer aux Calvinistes, & recommencer la guerre. Sur ces indications, on les gardoit à vue, & leurs mesures se trouvoient rompues; mais ensuite, lorsque la Reine mere comptoit le plus sur les avertissements de sa fille, celle-ci ne disoit plus mot, & laissoit fortifier ces complots, qui ne se découvroient souvent que par l'éclat d'une exécution mal concertée.

Telle fut la fameuse entreprise des Jours-gras, qui rappelle celle que la Noue empêcha par sa prudence sous les murs de la Rochelle: il se prêta à celle-ci, ainsi que d'autres graves personnages; mais ils eurent soin de se tenir éloignés, & ils en laisserent courir les risques à ceux qui n'en prévoyoient pas assez les suites. Il ne s'agissoit pas d'un exploit bien difficile, mais simplement de tirer les Princes de la Cour, qui étoit à Saint-Germain, & de les conduire dans quelqu'une des provinces où les Religionnaires avoient déja des places fortes & des corps de troupes tout formés. Pour cela il ne falloit qu'une escorte, & sur-tout s'entendre, afin que l'évasion des Princes cadrant avec

Charles IX
1574.

Entreprise des Jours-gras.
Vie de Mornay, p. 26.

l'arrivée de leurs conducteurs, ils pussent, en cas de poursuite, en imposer à ceux que le Roi détacheroit après eux. C'étoit encore une sage précaution de s'emparer de quelques villes voisines, pour servir de rempart contre un premier coup de main, reprendre haleine, & continuer ensuite sa route avec moins de gêne & de précipitation.

Mal conduite.
Brantôme.

Tout avoit été ainsi réglé, & rien ne s'exécuta. Soit crainte qu'en différant trop, le projet ne s'éventât, ou que les Princes, livrés à de trop longues réflexions, ne changeassent d'avis, l'escorte parut le Mardi-gras, sans qu'on s'y attendît, quinze jours avant le temps convenu. La vue de ces hommes armés jeta l'alarme dans la Cour. Comme ils se présentoient tantôt d'un côté de Saint-Germain, tantôt de l'autre, pour attirer à eux ceux qu'ils attendoient, on s'imaginoit en être investi, & la frayeur les multiplioit.

On trompe la Reine.
Mém. de Bouillon, p. 101.

Au lieu de profiter de ce moment de confusion pour se dérober, le Duc d'Alençon perdit du temps à consulter. La Reine très-étonnée, se servit des premiers qui s'offrirent d'aller à la découverte: Turenne marqua le plus d'ardeur; il étoit lui-même du complot, & sous prétexte de remplir les vues de la Reine, il portoit à l'escorte les paroles du Duc d'Alençon. La derniere résolution du Prince fut qu'il ne se livreroit pas qu'il n'eût la ville de Mantes pour le recevoir. En vain Duplessis-Mornay représenta que la prise de cette place, presqu'impossible sans le Duc d'Alençon, deviendroit la plus facile si-tôt qu'il se présenteroit lui-même à la tête des troupes, le Prince ne voulut point se désister.

Mornay, & Buhi son frere, allerent donc à Mantes, & s'emparerent chacun d'une porte, en attendant Guitri, chef de l'escorte, qui devoit les aider à se rendre maîtres de toute la ville; mais par un de ces contretemps que toute la prudence humaine ne peut empêcher, il arriva trop tard & trop foible. Mornay se tira adroitement d'un pas si difficile: il sortit contre Guitri, faisant mine de vouloir le combattre, & se retira avec lui. Son stratagême fut si bien conduit,

CHARLES IX
1574.

qu'il reçut du Roi des lettres de remerciment, comme s'il avoit sauvé la ville; mais il ne s'y fia pas, & il se mit au loin en sûreté, avant que la meche fût éventée.

Aveu de la Mole, & terreur de la Cour.
D'*Aubigné*, *t. II, l. II*
Brantôme, *tome IX.*

Tous ne furent pas si prudents. Pendant les délais du Duc d'Alençon, la Mole, qui voyoit que l'affaire prenoit un mauvais tour, voulut se faire un mérite auprès de la Reine, & alla lui déclarer toute l'intrigue. Quoiqu'il assurât qu'il ne s'agissoit d'autre chose que de tirer les Princes de la Cour, & que le Roi n'avoit rien à craindre, Catherine ne crut pas devoir s'en fier à sa parole. Les ordres furent donnés pour se retirer sur le champ à Paris. D'Aubigné nous fait une peinture assez plaisante du désordre qui accompagna ce départ précipité. *Les Cardinaux de Bourbon, de Lorraine & de Guise, Birague, Chancelier, Morvilliers & Bellievre, étoient tous montés sur coursiers d'Italie, empoignant des deux mains l'arçon, & en aussi grande peur de leurs chevaux que des ennemis.* Mais si la terreur panique des Prélats & gens de robe offroit un spectacle amusant, la situation

Livre quatrieme.

situation de Charles IX inspiroit de la compassion. On le fit porter à deux heures après minuit dans une litiere. Contraint de fuir malade, & à pareille heure, il disoit en gémissant : *Du moins, s'ils avoient attendu ma mort !*

La Reine s'apperçut bien qu'elle avoit été jouée : quand elle se vit en sûreté, elle résolut de ne s'en pas tenir aux foibles indications fournies par la Mole, mais d'approfondir le mystere. Pour y réussir, on arrêta la Mole lui-même, & Coconnas son ami. On donna des gardes au Roi de Navarre & au Duc d'Alençon ; pour le Prince de Condé, il s'étoit sauvé avec Thoré, Montmorenci & Turenne, dans son gouvernement de Picardie, d'où il passa en Allemagne. On mit aussi en prison Grandri, l'alchymiste ; & sur quelques lumieres qui survinrent pendant le procès, on envoya à la Bastille les Maréchaux de Cossé & de Montmorenci.

L'instruction ne fut pas difficile. Le Duc d'Alençon, pressé par sa mere, avoua tout ce qu'on voulut, avec la timidité d'un enfant, sans même de-

Charles IX 1574.

Mesures que prend la Reine.

Procès de la Mole & de Coconas.
Le Labour. t. II, l. VI.
Mém. de Bouillon, p. 102.

mander préalablement ni après, aucune grace pour ceux qui avoient agi sous son nom, & dans le dessein de l'obliger. Le Roi de Navarre, qui connoissoit son caractere, ne s'y trompa pas: le voyant renfermé avec Catherine, il dit au Duc de Bouillon: *Notre homme dit tout.* Pour Henri, il se défendit comme d'un déshonneur des aveux humiliants qu'on vouloit tirer de lui. Au lieu de répondre, il se rejeta fiérement sur les mauvais procédés qu'on avoit à son égard, & se plaignit sur-tout de l'espece de captivité dans laquelle on le retenoit, ajoutant que quand il auroit cherché à s'en tirer, on n'avoit pas à s'en plaindre, & qu'il étoit disposé à quitter la Cour toutes les fois qu'il en trouveroit l'occasion. Cette fermeté lui fit honneur, mais ne sauva pas ceux qu'on vouloit sacrifier pour l'exemple.

Il falloit trouver un crime, & le dessein seul de tirer les Princes de la Cour, n'étoit pas un délit suffisant aux yeux du public, porté à plaindre plus qu'à condamner les écarts de la jeunesse. On chercha dans le complot

Véritable but de l'intrigue.
Mém. de Sully, chap. VI, p. 80.
Mém. de Nevers, t. I. p. 69.

les indices d'un attentat direct contre la personne du Roi, mais inutilement. *Pauvre la Mole!* s'écrioit ce Gentilhomme dans les douleurs de la torture, *n'y a-t-il pas moyen d'avoir grace? Le Duc mon maître m'ayant obligé cent mille fois, me commanda sur sa vie que je ne disse rien de ce qu'il vouloit faire. Je lui dis : Oui, Monsieur, si vous ne faites rien contre le Roi.* C'est à quoi s'en tinrent toujours les Conjurés. Il y a grande apparence que le but secret de l'intrigue étoit d'empêcher le retour du Roi de Pologne, & de mettre le Duc d'Alençon sur le Trône après la mort de Charles IX. Sans doute on ne voulut point trop dévoiler ce mystere aux yeux du Roi mourant, déja assez accablé, sans qu'on eût encore la cruauté de lui montrer le tombeau prêt à l'engloutir.

CHARLES IX
1574.
Le Labour.
t. II. l. VI.

La Mole & Coconnas furent condamnés à avoir la tête tranchée ; d'autres moins considérables subirent divers genres de punitions. En allant au supplice, Coconnas sembloit vouloir donner à la postérité la seule instruction solide qu'on peut tirer de cette

Punition des conjurés.

CHARLES IX
1574.

Avantage de ce complot.

histoire : *Messieurs*, disoit-il aux courtisans témoins de sa catastrophe, *vous voyez que les petits sont pris & les grands demeurent, qui ont fait la faute.*

Si les Calvinistes & les Politiques, soutenus des autres mécontents, eurent dessein de fermer le chemin du Trône de France au Roi de Pologne, ils durent admirer les secrets ressorts de la Providence, qui tourna en faveur de celui qu'ils vouloient écarter, les mesures prises pour son exclusion. Sans cette conjuration si mal concertée, le Duc d'Alençon & ses partisans se seroient trouvés à la mort de Charles IX, libres & en état de cabaler; au lieu que cette entreprise fournit à la Reine mere une raison plausible de faire garder à vue le Roi de Navarre & le Duc d'Alençon, & de les mettre dans l'impossibilité de remuer ; elle y trouva aussi un prétexte de retenir à la bastille les Maréchaux de Montmorenci & de Cossé, comme des cautions contre les projets que pouvoient former tant au-dedans qu'au-dehors du Royaume, les Calvinistes & les mécontents, sous la conduite du Prince de Condé & de Damville, Gouverneur de Languedoc.

CHARLES IX
1574.
Ce qu'on en pense.

Le succès de cette affaire, favorable à la bonne cause que la Reine soutenoit, a fait imaginer que ce fut Catherine qui présenta à ceux dont elle se défioit, le piege d'un complot qu'elle dirigeoit en secret, afin de les prendre dans les filets qu'elle leur tendoit ; mais c'est lui supposer trop de rafinement. Elle eut seulement l'habileté de tourner les circonstances à son avantage ; mérite rare, même entre les plus grands politiques.

Quelques Auteurs, de Thou lui-même, lui prêtent encore une autre adresse, c'est d'avoir exagéré le danger, & rempli de terreur l'ame de son fils, pour se faire rendre l'autorité qu'elle étoit prête à perdre, par les défiances qu'on inspiroit au jeune Roi. Le fait est qu'il la laissa maîtresse de gouverner à sa volonté.

Dépositaire de la souveraine puissance, Catherine dirigea selon ses vues, les opérations des troupes que Charles avoit toujours tenues sur pied, & même augmentées depuis la paix. Elle envoya en Normandie, sous le

Mesure que prend la Reine.

E 3

commandement du Maréchal de Matignon, un corps d'armée contre Montgommeri qui fut pris. Deux autres, commandés par les Princes de Montpenſier, inviolablement attachés à la Reine mere, avec des ſuccès moins apparents, remplirent également leur objet. L'un tint en échec dans le Languedoc, Damville, chef des mécontents, l'autre reſſerra dans la Saintonge, les Calviniſtes, qui ſous la conduite de la Noue, menaçoient toutes les provinces voiſines. Ainſi Catherine, comme un pilote habile, préparoit, pendant le calme, les manœuvres néceſſaires pour ſauver le vaiſſeau de la tempête qu'elle prévoyoit devoir s'élever à la mort de Charles IX.

Mort de Charles IX. Ce jeune Prince, luttant contre la violence de la maladie, voyoit inſenſiblement éteindre une vie paſſée dans l'amertume. Il ne fut pas tranquille, même dans ſes derniers moments; combattu par des idées contraires ſur la maniere dont il pourvoiroit au gouvernement de ſon Royaume, en l'abſence de ſucceſſeur légitime. On ne peut douter qu'il n'y ait eu de la part

Livre quatrieme.

de ceux qui l'approchoient, beaucoup d'infinuations différentes, pour l'engager à partager le fouverain pouvoir; cependant la Reine mere l'obtint tout entier. Les lettres de régente lui furent expédiées le 30 Mai, & ce même jour mourut Charles IX, n'ayant pas encore atteint fa vingt-cinquième année.

Cet âge avertit qu'il ne faut pas le juger à la rigueur. On doit excufer fon extrême vivacité, & fon penchant excessif pour les exercices violents, tels que les travaux en fer auxquels il fe livroit jufqu'à altérer fon tempérament, en forgeant lui-même des cafques & des cuiraffes. Il aimoit aussi trop la chaffe, nous avons de ce Roi un traité fur cette matiere, eftimé des connoiffeurs. (*a*) Charles fut très-mal élevé. Dès fon enfance on lui laiffa contracter l'habitude de jurer, que fon exemple rendit commun entre les jeunes gens de fa Cour. (*b*) On

CHARLES IX
1574.

Son caractere.
*Matthieu,
l. VI, p. 679.
D'Aubigné,
t. II, liv. II,
p. 698.
Mém. de
Bouill. l. VI.
Brantôme,
tome IX.*

(*a*) *C'eft un petit volume in-8°, imprimé en 1625. Il eft devenu très-rare.*

(*a*) *Ce mauvais ufage continua fous Henri III, Henri IV, & une partie du regne de Louis XIII Du temps de Charles IX & Henri III, ont compofoit des legendes de juremens plus abominables encore que ceux des Efpagnols rapportés par Brantôme, à la fin des Ro-*

ne veilla pas non plus sur ses mœurs, & ses désordres furent publics. Il eut deux enfants de Marie Touchet, fille d'un juge d'Orléans; mais la tendresse & l'estime que lui inspirerent les graces & les vertus d'Elisabeth d'Autriche son épouse, mirent un frein à ces délires d'une jeunesse pétulente. Il n'eut d'elle qu'une fille qui lui survécut peu. Charles, en mourant, se félicitoit de ne point avoir de fils, pour ne point laisser sur le trône un enfant exposé aux mêmes chagrins que lui : pensée qui fait voir combien la couronne fut pesante à ce jeune Monarque. Prince malheureux, qui n'eut souvent le choix qu'entre les démarches hasardeuses ! Les trahisons qu'il éprouva changerent son caractere, porté à la franchise & à la gaieté. Il aimoit la poésie & la musique & aimoit aussi ceux qui y excelloient. Il avoit une maniere de s'exprimer noble

---

domontades. Jules Serclier, Chanoine Régulier de Saint Ruf, observe que de son temps, (sous Louis XIII) cette mode étoit à l'excès : ,, On ne reconnoît quasi plus, ,, dit-il, les Chrétiens aujourd'hui qu'aux clochers & ,, aux blasphêmes, où l'on déchire J. C. de la tête aux ,, pieds,,. Vid. le grand tombeau du monde, in-8. Paris, 1628. page 207.

Livre quatrieme.

& énergique, un esprit vif, une conception aisée & un jugement sûr. Il en fit preuve dans sa façon de penser sur le Roi de Pologne son frere. On crut d'abord que c'étoit par jalousie qu'il ne l'estimoit pas ; mais on eut tout lieu de remarquer ensuite qu'il l'avoit bien connu. Enfin, quiconque étudiera Charles IX, en faisant attention à son âge, lui trouvera plus de bonnes qualités que de mauvaises, & demeurera persuadé que l'expérience & le courage secondant ses bonnes intentions, il auroit préservé la France des maux qu'elle éprouva sous Henri III, son successeur.

Il est bon de jeter un coup d'œil général sur ce regne agité par tant de troubles, afin qu'en voyant la disposition des esprits & le concours des circonstances, on se représente mieux l'origine & le progrès des factions qui ébranlerent le trône, & qui furent prêtes à y placer un étranger devenu l'idole des peuples. Ces grandes révolutions dans les corps politiques, n'arrivent

HENRI III.
1574.
Dispositions des esprits.

pas sans des symptomes avant-coureurs de la derniere crise.

Ceux qu'on remarque principalement sous Henri III, sont, de la part du Roi, une conduite bizarre qui lui ôta la confiance de la nation, & qui fit passer de la critique de sa conduite particuliere, au mépris de sa personne : de la part des peuples, un esprit de fanatisme & d'enthousiasme, beaucoup plus général depuis que les cruautés de la Saint-Barthelemi eurent persuadé que c'étoit au poignard à décider la querelle : de la part de la Cour enfin, un goût d'intrigue universel ; les grands, comme les Princes du sang, les Guises & les Montmorencis prirent l'habitude de séparer leur cause de celle de la patrie, & de se faire des créatures uniquement attachées à eux. Les Gentilshommes de sa Cour se piquoient d'un dévouement entier à ceux qu'ils appelloient *leurs maîtres*. Il y avoit à cet égard entre les protégés & même entre les protecteurs, une rivalité qui dégénéroit souvent en querelles personnelles. On se bravoit, on se faisoit des défis ; les femmes s'en mêloient ; &

des intrigues d'amour, des tracasseries domestiques devenoient des affaires d'État.

Henri III. 1574.

Les mémoires qui nous restent de ce temps, écrits par les personnes même de la Cour, attestent ces faits, & beaucoup de particularités qu'il est utile de connoître, parce qu'elles sont liées aux grands événements, qu'elles les ont même souvent causés. Le louvre étoit comme une école ouverte à la jeune noblesse du Royaume. Elle passoit les journées entieres dans les salles basses, occupée à tirer des armes. C'étoit un honneur singulier de savoir mieux que les autres, courir, franchir les fossés, donner prestement un coup de pistolet & de poignard. On ne parloit que de galanterie ou de meurtre, de carnage & d'incendie; on inventoit, on se racontoit des faits d'armes extraordinaires. Ces récits échauffoient les imaginations, & il en résultoit des appels fréquents, des projets outrés, des entreprises folles & téméraires.

Mœurs de la Cour. Vie de d'Aubigné. Mém. de Marguerite. Brantôme. Mém. de Bouillon. Mém. de Montluc. Journal d'Henri III. Lettre de Busbec.

Les idées extrêmes sur les choses même ordinaires, ne manquoient pas d'être du goût de cette jeuneſſe emportée. Ils ſe lioient par des ſerments de ne ſe jamais abandonner, de ſuivre toujours le même parti, d'avoir biens & maux communs. L'accident de l'un étoit un malheur ſenſible pour l'autre: l'abſence d'un ami occaſionnoit un deuil. On en vit pour cette ſeule raiſon, prendre des habits lugubres, laiſſer croître leur barbe outre-meſure, ſe refuſer à tous les plaiſirs, vivre en hommes plongés dans la mélancolie la plus profonde, & la Cour applaudiſſoit à ces manies puériles.

Il leur reſtoit pourtant de cette éducation un courage intrépide, & des liaiſons ſûres, non-ſeulement avec leurs égaux, mais encore avec les principaux Seigneurs. Tous, à commencer par le Roi, réputoient à honneur de s'attacher un plus grand nombre de ces *braves*, par des louanges, par des careſſes, ſouvent par des bienfaits, tels que des mariages avantageux.

On remarquoit encore des traces de l'ancienne galanterie, mais dégénérée dans les deux ſexes. Les femmes, au lieu de ces ſentiments qui inspiroient autrefois l'héroïsme, tiroient vanité des preuves de dévouement outrées, que la frénésie de la passion inspiroit à leurs amants. Il étoit beau, au premier signal de sa maîtresse, de se précipiter dans une riviere, sans savoir nager ; d'affronter des bêtes féroces, de faire ruisseler son sang avec la pointe du poignard, pour marquer de la disposition où on étoit d'aimer sa dame jusqu'à la mort. Selon l'esprit du temps, Henri III, écrivant de Pologne à une Princesse qu'il aimoit, *tiroit du sang de son doigt, & Souvray rouvroit & fermoit la piquûre, à mesure qu'il falloit remplir la plume.* Les hommes, en récompense du sacrifice de leur raison au caprice des femmes, demandoient plus que la bienséance ne permettoit, & n'obtenoient que trop dans une Cour aussi licencieuse. Delà les jalousies, l'espionnage, les confidences, les rapports, les inimitiés, les éclats qui déshonoroient le Monarque & sa famille à la face du Royaume.

Mais, ou les grands se soucioient peu alors de l'estime publique, ou ils

Henri III. 1574.

Matthieu, *liv. VII*, p. 386.

n'avoient pas les mêmes idées que nous du respect qu'ils se doivent à eux-mêmes. Rien de si commun que les courses tumultueuses du Roi avec toute sa Cour, tantôt dans les foires qu'il parcouroit, dansant, chantant, insultant marchands & curieux, exposé lui-même aux huées d'une populace insolente; tantôt chez les bourgeois à l'occasion d'une noce, d'un baptême, ou de quelqu'autres réjouissances. Il s'y commettoit des désordres qui devenoient la matiere des plaisanteries du jour. A ces débauches publiques succédoient des actes de religion éclatants, tels que des messes solemnelles, des processions augustes & pompeuses ; mais, par un mélange prophane, ceux qui venoient d'assister à ces dévotions avec tout l'extérieur du recueillement, se transportoient delà chez l'astrologue & le devin, espece de gens mis à la mode par la crédulité de Catherine de Médicis. Hommes & femmes s'y donnoient des rendez-vous clandestins. On y composoit des philtrés pour se faire aimer, des charmes pour se venger. On doit mettre au nombre de ces prétendus sortileges, de petites statues de cire trouvées chez l'infortuné la Mole, lorsqu'il fut arrêté. L'une étoit à moitié fondue, l'autre avoit une épingle dans le cœur. On lui demanda dans la torture si elles ne représentoient pas le Roi, & si par ces manœuvres obscures de l'art magique, il n'avoit pas eu dessein d'altérer la santé du jeune Monarque, supposant qu'elle s'affoibliroit à mesure que la cire fondroit, & que l'épingle entreroit dans le cœur. La Mole avoua ces procédés superstitieux, communs alors à presque toute la Cour, preuves d'une ignorance grossiere; mais il soutint qu'il ne les avoit employés que pour se faire aimer par une demoiselle provençale, dont il étoit épris.

Le plus fameux de ces astrologues étoit un nommé Cosme Ruggiéri, florentin ; il passoit aussi pour habile empoisonneur. La Reine mere & plusieurs Seigneurs le protégeoient ouvertement, d'où vinrent sans doute des soupçons si multipliés, qu'à peine une personne de marque mouroit-elle, sans qu'on publiât qu'elle avoit été empoisonnée. Pour les ennemis d'un moindre rang, on s'en défaisoit par l'aſſaſſinat : nul temps, nul lieu n'étoit reſpecté. Le Duc de Guiſe pourſuivit l'épée à la main, juſques dans l'antichambre du Roi, un Gentilhomme, dont il prétendoit avoir lieu de ſe plaindre. Villequier, favori de Henri III, poignarda dans le louvre, par jalouſie, ſa femme, groſſe de deux enfants. Pouſſée par une pareille rage, la Dame de Chateau-neuf, femme décriée par ſes intrigues avant ſon mariage, tua *virilement*, dit Brantôme, celui qui avoit eu la complaiſance de l'épouſer.

> De Thou, l. XXXIX. D'Aubigné, t. I, liv. IV. Brantôme, tome VII.

Mais rien n'égale en ce genre la cruauté d'un Corſe, ſoldat de fortune, nommé San-Pietro, attaché au ſervice de France. Son crime, quoique commis en 1567, ſept ans avant le regne de Henri III, n'eſt pas aſſez éloigné pour ne point ſervir au tableau des mœurs de notre époque. Pierre, né à la Baſtie, capitale de Corſe, avoit ſucé avec le lait une haine héréditaire contre les Génois, qu'on lui peignit de bonne heure comme les oppreſſeurs de ſa patrie. Dès l'enfance, il porta les armes contr'eux, & devint par sa bravoure & sa science militaire, un homme rèdoutable à la République : ses exploits le rendirent célebre, & lui gagnerent le cœur de Vannina Ornano, fille du Viceroi de Corse, très-belle & très-riche héritiere, qui l'épousa, quoiqu'il fût d'une famille obscure.

Pierre pouvoit vivre tranquille, à l'abri de ce mariage avantageux, s'il ne s'étoit persuadé que jamais les Génois ne lui pardonneroient leurs défaites. Plein de ces idées & de nouveaux projets, il se retira en France avec sa femme & ses enfants : il y servit heureusement la Cour pendant nos guerres civiles ; mais toujours tourmenté par le desir d'affranchir sa patrie, il ne cessoit de susciter des affaires aux Génois ; il alla même jusqu'à Constantinople solliciter le Grand Seigneur d'envoyer une flotte contr'eux.

Pendant ce voyage, la République, attentive aux démarches de Pierre, détacha auprès de sa femme, restée à Marseille, des agents secrets, qui l'exhorterent à revenir dans sa patrie, sous la promesse qu'on lui rendroit ses biens, & dans l'espérance que cette confiance lui feroit obtenir la grace de son mari. La crédule Vannina se laisse persuader; elle envoie devant elle ses meubles & ses bijoux, & part pour Genes avec ses enfants. Un ami de San-Pietro, averti à temps, arme un vaisseau, poursuit la fugitive & l'atteint: il la ramene en France, & la remet entre les mains du Parlement d'Aix, qui lui donne des gardes.

Pierre apprend cette aventure en arrivant de Constantinople. Un de ses domestiques, qui avoit eu quelque connoissance du complot, & qui n'avoit osé s'y opposer, est poignardé de sa main. Il se rend à Aix, & redemande sa femme: le Parlement appréhendant tout de ce furieux, ne vouloit pas la remettre entre ses mains; mais quoique certaine de quelque funeste événement, Vannina, supérieure à la crainte, fait elle-même instance pour être réunie à son mari: on ne peut la refuser, & ils partent ensemble pour Marseille.

Arrivé à sa maison, Pierr la trouve vuide; cette vue lui rend toute sa fureur. Sans s'écarter du respect qu'il conservoit toujours pour sa femme, comme infiniment supérieure à lui par sa naissance, il lui reproche sa faute, & lui déclare qu'elle ne peut s'expier que par la mort. Il ordonne en même temps à deux esclaves d'exécuter cette terrible sentence. *Je ne fuis pas le châtiment, répond la tendre Vannina; mais puisqu'il faut mourir, je vous demande pour derniere grace que ce ne soit pas par la main de ces hommes méprisables, mais par celle du plus courageux des hommes, que sa valeur m'a fait prendre pour mari.* Le barbare fait retirer les bourreaux, se jette aux pieds de son épouse, lui demande pardon en termes humbles & soumis, & fait venir devant elle ses enfants qu'elle embrasse : il pleure avec l'infortunée sur les tristes gages de leur tendresse, passe à son cou le fatal cordon, & l'étrangle de ses propres mains. San-Pietro part aussi-tôt pour la Cour; la nouvelle de son crime l'avoit précédé : on le fait avertir de ne point paroître; il avance néanmoins, & se présente au Roi: son audace étonne; on l'écoute : il parle de ses services, en réclame le prix, & découvrant sa poitrine cicatrisée par les blessures : *Qu'importe au Roi*, dit-il, *qu'importe à la France la bonne ou mauvaise intelligence de Pierre avec sa femme (a) ?* Tout le monde frémit d'une atrocité soutenue avec autant de hardiesse ; mais on lui accorda sa grace.

Quelqu'apparence d'héroïsme, mêlée à un forfait, le rendoit aisément excusable dans une Cour où le Prince lui-même donnoit l'exemple de la violence. Antoine Duprat, Seigneur de Nantouillet, ayant refusé avec dédain d'épouser une femme décriée, mais puissamment protégée, le Roi de France, le Roi de Pologne, le Roi de Navarre, le bâtard d'Angoulême, le Duc de Guise, & plusieurs jeunes Seigneurs, fondirent dans sa maison pendant la nuit comme des brigands, briserent ses meubles, rompirent sa vaisselle, enfoncerent ses

---

(a) D'Aubigné raconte qu'Alfonse d'Ornano, fils de ce San-Pietro, exécutoit avec la même froideur les sentences de mort qu'il portoit contre les soldats. Un de ses neveux ayant manqué à quelque partie du commandement, vint se présenter à sa table. Alfonse se jette sur lui, le poignarde, demande à laver ses mains, & se remet tranquillement à table.

coffres, & ne se retirerent qu'après lui avoir fait mille insultes, plus déshonorantes pour eux que pour lui. Peu s'en fallut que ce divertissement ne devînt funeste. Un des freres de Nantouillet avoit caché dans une chambre reculée, quatre assassins gagés pour un meurtre qu'ils exécuterent ensuite. Au fracas qui se faisoit dans la maison, les scélérats croyant qu'ils étoient cherchés & poursuivis, furent cent fois tentés de sortir de leur retraite le pistolet à la main, & de faire main-basse sur tout ce qui se présenteroit. Il est certain que dans une attaque aussi brusque, il pouvoit arriver que les Rois eux-mêmes fussent blessés ou tués, avant qu'on eût le temps d'arrêter ces désespérés : heureusement les assassins se retinrent ; ils allerent ensuite commettre leur crime, qui fut su, & ne fut pas puni : nouvelle preuve des désordres affreux qui régnoient dans tous les états.

On étoit cruel & impitoyable de sang-froid, & par une habitude qui ôtoit toute honte à cet égard. Charles IX & Henri III interrogeoient eux-mêmes les criminels, présidoient, pour ainsi dire, aux tortures, & assistoient aux exécutions; les femmes n'en détournoient pas les yeux: on remarque un caractere de férocité jusques dans les témoignages les moins équivoques de leur tendresse. La Reine Marguerite & la jeune Duchesse de Nevers, se firent apporter les têtes de la Mole & de Coconnas leurs amants, se donnerent le triste plaisir de les toucher, de verser des larmes sur ces restes chéris, & de les embaumer de leurs mains. D'Aubigné rapporte que voyageant un jour avec la Tremouille, il s'apperçut que celui-ci changeoit de couleur à la vue de quelques cadavres attachés à des gibets; il l'arrêta, le prit par la main & lui dit: *Contemplez de bonne grace ces objets tragiques; en faisant ce que nous faisons, il est bon de s'apprivoiser avec la mort.*

Cette intrépidité, quand elle se tourne contre les autres peuples dans des guerres étrangeres, est capable de subjuguer l'univers; mais quand excitée par un motif aussi puissant que le zele de la Religion, secondée par le desir de dominer, elle s'exerce

Livre quatrieme. 119

contre sa propre nation, elle peut faire un cahos du Royaume le plus florissant. C'est ce qui arriva sous Charles IX, & encore plus sous Henri III, son successeur.

Le Prince allant en Pologne, laissa la France pleine de factions. Les Calvinistes virent avec plaisir partir le vainqueur de Jarnac & de Montcontour. Les Montmorencis & les autres Catholiques mécontents, regarderent comme un avantage l'éloignement d'un Prince trop dévoué à la Reine sa mere, qu'ils croyoient leur ennemie. Si Guise & ses partisans donnerent quelques regrets à son départ, c'est qu'ils le pénétroient déja, & sentoient son foible, qui pouvoit leur être utile.

Henri prit son chemin pour son nouveau Royaume par l'Allemagne: dans les Etats protestants, il rencontra un grand nombre de François réfugiés, victimes échappées à la Saint-Barthelemi. Le jeune Monarque en fut comme investi chez le Comte Palatin; les uns l'envisageoient d'un air sombre, d'autres attachoient sur lui des regards sinistres, & murmuroient assez haut pour être entendus, contre

HENRI III.
1574.

Voyage de Henri en Pologne.

Brantôme, tome *VIII*. page 216.

l'auteur de leur infortune. Après une réception froide, le Comte le mena dans une galerie de peinture, où le premier tableau qui frappa sa vue, fut le portrait de l'Amiral. *Vous connoissez bien cet homme*, lui dit son hôte, *vous avez fait mourir en lui le plus grand Capitaine de la chrétienté, & vous ne le deviez pas, car il vous a fait & au Roi de très-grands services.* Henri voulut s'excuser sur la prétendue conjuration de l'Amiral. *Monsieur*, reprit froidement le Comte, *vous en savez toute l'histoire.* Le Roi de Pologne eut encore plus d'un chagrin à dévorer dans sa route.

Il en fut dédommagé par les fêtes qui l'attendoient dans son Royaume. Henri, peut-être le plus propre des hommes à la représentation, y parut de maniere à satisfaire ses nouveaux sujets; mais ces premiers moments de pompe & de magnificence passés, il se tint presque toujours renfermé dans son palais avec les favoris qu'il avoit amenés, la plupart, comme lui, peu éloignés de leur vingtieme année. Ils s'y occupoient à parler de la France, à y écrire, à entretenir les intrigues d'amour

Livre quatrieme.

d'amour qu'ils y avoient formées, quelquefois à des jeux bruyants, à des plaisirs tumultueux & emportés, qui ne s'accommodoient guere avec la gravité des Sénateurs Polonois.

{Henri III. 1574.}

La nouvelle de la mort de son frere lui fut portée en quatorze jours. Pour premier soin, il confirma la régence à sa mere, & lui en envoya les pouvoirs : on délibéra ensuite dans ce conseil de jeunes gens, si le Roi mettroit ordre aux affaires de Pologne, ce qui entraîneroit nécessairement du retard, ou s'il partiroit sur le champ pour la France. Comme le plus grand nombre auroit voulu être déja de retour, ce dernier parti prévalut. Henri, pendant une nuit obscure, se déroba de son palais comme un fugitif, se rendit en moins de deux jours sur les frontieres de l'Empire, & de-là à Vienne, laissant exposés à la premiere fureur des Polonois, Pibrac son Chancelier, & ceux qui ne furent pas assez diligents pour le suivre.

{Comment il la quitte.}

Ce départ si précipité pouvoit s'excuser sur la nécessité de calmer la France, en lui montrant son Roi ; mais il fut difficile de ne le point

HENRI III.
1574.

blâmer, quand on vit que loin de hâter sa marche, le Monarque s'arrêtoit avec complaisance dans tous les endroits qui lui présentoient des plaisirs. Venise se distingua entre les autres Etats; la République lui fit les plus grands honneurs: il trouva les mêmes motifs de retardement dans toutes les villes d'Italie par lesquelles il passa, & n'arriva dans son Royaume qu'en Septembre, après avoir séjourné quelque temps à la Cour de Turin, où se tinrent les conseils qui deciderent du sort de la France.

Faction en France.

Ce Royaume étoit dans un de ces moments critiques, où le choix d'un mauvais parti pouvoit le réduire à une extrêmité dont toute la prudence humaine ne seroit pas capable de le tirer ensuite. L'orage se formoit en dedans & au dehors. Le Prince de Condé, montrant déja une intelligence au-dessus de son âge, retiré chez les Princes d'Allemagne, ménageoit leur bienveillance pour les Calvinistes de France, avec lesquels il entretenoit un étroit commerce. Ceux-ci avoient les armes à la main dans presque toutes les provinces; ils étoient

Livre quatrieme. 123

soutenus par les *Politiques*, dont la faction prit le nom de *Tiers-parti*.

<small>HENRI III. 1574. Petites guerres.</small>

Elle se forma de Catholiques mécontents, qui alléguoient pour griefs la prison des Maréchaux de Montmorenci & de Cossé, la captivité du Roi de Navarre & du Duc d'Alençon, & les mesures qu'ils prétendoient avoir été prises par la Régente, pour détruire les grandes maisons, dont la puissance lui étoit suspecte. A l'ombre de ces plaintes, ils se croyoient autorisés à se fortifier dans leurs gouvernements, & à se cantonner dans les villes où ils commandoient. On ne voyoit que surprises de places, compositions, traités particuliers, quelques intervalles de paix dans les provinces habituellement consumées par le feu de la guerre, & les horreurs de la guerre, tout-à-coup transportées dans les cantons qui comptoient le plus sur les douceurs de la paix.

La Régente n'avoit pour but que de tenir les affaires en équilibre jusqu'à l'arrivée du Roi ; elle y réussit par un mélange de fermeté & de condescendance : d'une main, elle présentoit la guerre, augmentant les

F 2

Henri III.
1574.

Montgommeri décapité.

troupes, & ordonnant aux Généraux d'agir; de l'autre, elle signoit des treves. Si-tôt qu'on vouloit traiter, on la trouvoit prête; elle prévenoit même, mais sans marquer ni crainte ni empressement.

Dès les premiers jours de sa régence, Catherine fit un acte de vigueur qui mortifia les Réformés & les grands du Royaume. Montgommeri, le meurtrier involontaire de Henri II, un des chefs les plus accrédités dans le parti calviniste, avoit jusqu'alors fait heureusement la guerre dans plusieurs provinces du Royaume. C'est à ses victoires dans le Béarn, que les Confédérés durent le rétablissement de leurs affaires, après la bataille de Montcoutour. Ce fut lui qui détermina la Reine Elisabeth à donner des troupes aux Rochelois, & il commandoit la flotte qui en tenta le secours; mais repoussé de ce côté, il vint échouer en Normandie, où son bonheur l'abandonna. Le Maréchal de Matignon l'investit dans Domfront, & le força de se rendre. Montgommeri fut amené à Paris, où le Parlement lui fit son procès. Il avoua

Livre quatrieme. 125

que lui qui avoit affronté sans se troubler, des armées entieres & des remparts en feu, n'avoit pu se défendre d'un frémissement d'horreur, à l'aspect de ses juges.

Ils le condamnerent comme rebelle & complice de la conspiration de l'Amiral. Montgommeri étoit plus coupable qu'un autre. Ayant eu le malheur de tuer son Roi, il auroit dû consacrer au service de la veuve & de ses enfants, tout ce qu'il avoit de talents, au lieu de se jeter, comme il fit, dans la faction & dans l'intrigue. L'arrêt porté contre lui fut exécuté ; *exemple qui nous apprend*, dit M. de Thou, *que dans les coups qui attaquent les têtes couronnées, le hazard est imputé à crime, quand même la volonté seroit innocente.*

On accusa la Reine de l'avoir sacrifié aux mânes de son époux ; mais vengeance ou justice, Catherine se montra inflexible. Tant est puissant le langage de la loi sur l'esprit des peuples ! quand on vit Montgommeri condamné, selon les formes ordinaires, par un arrêt du Parlement, personne ne réclama : il n'y eut que de

F 3

126 *L'Esprit de la Ligue.*

<small>Henri III.
1574.</small>

légers murmures foiblement insinués dans les écrits qui parurent. La Reine les méprisa, toute occupée qu'elle étoit à prévenir les entreprises des mécontents, & à traverser l'union qu'ils méditoient.

<small>Assemblée de Millaud.</small>

Il y eut entr'eux à ce sujet plusieurs conférences, dont les plus fameuses sont celles de Millaud, ville du Rouergue, tenues dans le cours de Juillet & d'Août. Le Prince de Condé, quoiqu'absent, en étoit l'ame. Il demandoit que les Eglises réformées fissent sur elles-mêmes une imposition, & de l'argent qu'elles lui enverroient, il promettoit de lever en Allemagne une armée qu'il conduiroit en France. Condé devoit en être le chef jusqu'au moment de la liberté du Duc d'Alençon & du Roi de Navarre, à qui il remettroit le commandement, quand ils seroient délivrés de la captivité où la Cour les retenoit depuis le supplice de la Mole. Les Confédérés s'engagerent réciproquement ; savoir, les politiques à procurer aux Calvinistes l'exercice de leur religion, & ceux-ci à ne point quitter les armes, que la liberté n'eût été rendue aux Maréchaux de Coſſé & de Montmorenci : tous enfin à faire une guerre opiniâtre juſqu'à ce que dans des Etats légitimement aſſemblés, on eût pourvu ſolidement à la réforme du gouvernement, à la punition des perturbateurs du repos public, & au ſoulagement des peuples.

HENRI III,
1574.

La Reine ſe donna beaucoup de mouvement, pour empêcher l'effet de ces conférences. D'abord elle ſuſpendit long-temps, par des propoſitions captieuſes, le départ des députés de la Rochelle, & d'autres Egliſes qui devoient s'y rendre. Enſuite elle envoya des agents ſecrets, chargés de ſemer la diſcorde entre les miniſtres. Mais ſi la concluſion éprouva des délais, ce fut moins par le moyen de ſes ruſes, que par l'irréſolution de Henri de Montmorenci, ſecond fils du feu Connétable, Duc de Damville, & gouverneur de Languedoc.

Damville ſigne la confédération de Millaud. *Brantôme,* t. VII & IX. *Le Lab.* tome II, *Vie de d'Aubigné,* p. 132.

Damville, d'un caractere doux & pacifique, ſe trouva, comme malgré lui, chef d'un parti dans l'état. C'étoit un homme indolent, difficile à émouvoir, qui aimoit les plaiſirs ; mais d'un jugement exquis, incapable de se tromper quand il vouloit se donner la peine d'examiner une affaire, & prenant alors assez sur sa nonchalance pour suivre, comme l'homme le plus actif, les résolutions que sa prudence lui dictoit. Voyant le Royaume en feu sous Charles IX, Damville se renferma dans son gouvernement. Il n'auroit pas mieux demandé que d'y entretenir la paix : mais tantôt les entreprises des Calvinistes, tantôt les ordres de la Cour, le tiroient de sa tranquillité. Il y revenoit le plutôt qu'il pouvoit ; conduite dont se plaignoient les commandants voisins, sur-tout Montluc qui aimoit la guerre, qui la faisoit pour le plaisir de la faire, & qui auroit voulu que tous les autres fussent aussi acharnés que lui.

La comparaison de ces Gouverneurs remuants avec Damville, le faisoit regarder à la Cour comme un homme peu sûr. Plusieurs fois, les ministres tenterent, mais sans succès, de le tirer de sa province. Au moment de l'emprisonnement de son frere, la Reine sous prétexte de conférence, lui envoya deux de ses affidés, qu'on prétend avoir été chargés d'ordres de le saisir, mort ou vif. Lui, de son côté, aussi sous prétexte de ramener les Calvinistes à la paix, entretenoit avec eux des liaisons réglées. Ainsi ce n'étoient que ruses & tromperies de part & d'autres. A l'occasion d'une maladie, dont les symptomes parurent extraordinaires, Damville crut avoir été empoisonné. Cependant, malgré la persuasion d'une mauvaise volonté si marquée, l'amour du repos auroit encore prévalu, & il ne se seroit pas joint aux Confédérés de Millaud, s'il avoit pu se promettre quelque sûreté de la part du Roi, qu'il alla trouver exprès à Turin.

Tous les Princes que Henri III vit dans sa route, l'Empereur & sur-tout le Doge de Venise, homme d'une prudence consommée, lui conseillerent la paix. Marguerite de Savoie, sa tante, desiroit ardemment de le voir réuni avec les Montmorencis, persuadée que delà dépendoit le retour de plusieurs personnes de considération aliénées, & la chûte du tiers-parti. Le Roi ne paroissoit pas éloigné de leur accorder ses bon-

Henri III.
1574.

nes graces, & sur les espérances qu'il en donnoit, la Duchesse engagea Damville à risquer le voyage de Piémont. Il s'y trouva en concurrence avec Villeroi & Cheverni, envoyés par la Régente. Quand Henri suivoit les conseils de la Duchesse, Damville étoit favorablement écouté; mais sitôt que le jeune Monarque prêtoit l'oreille aux insinuations des ministres de sa mere, il ne montroit plus au Gouverneur de Languedoc, que froideur & indifférence. Celui-ci, voyant qu'il n'y avoit aucun fond à faire sur cet esprit chancellant, prit congé, & arrivé dans son gouvernement, signa la confédération de Millaud.

Henri III rentre en France.

Aussi la guerre, sans être précisément déclarée, se trouva allumée par tout le Royaume. Henri III parut indifférent sur ces troubles, plus amusé des fêtes qu'on lui donnoit, qu'alarmé des dangers que lui présentoit un soulévement général. Ce fut dans ces dispositions qu'il rentra en France. La Régente alla au-devant de lui jusqu'à Lyon: elle s'étoit fait précéder par le Duc d'Alençon & le Roi de Navarre. Ils ne furent pas reçus par le Roi en criminels, mais avec toutes les caresses d'usage à l'égard de parents qu'on chérit. Alors on commença à connoître le caractere de Henri. Quoiqu'il ne doive que trop se développer par la suite, il convient néanmoins d'en exposer dès-à-présent les contrastes principaux, parce qu'ils furent la vraie cause des troubles du Royaume.

Cheverni, qui fut un de ses ministres les plus affidés, & qui lui resta constamment attaché, dit *qu'il n'avoit pas le jugement bon; qu'il sentoit mieux qu'il ne pensoit; qu'il avoit trop bonne opinion de sa suffisance; qu'il méprisoit les conseils des autres, & que ses voluptés le firent mépriser.* Le Duc de Nevers qui l'avoit vu de près, a écrit que quand il aimoit quelqu'un, il ne pensoit & n'agissoit plus que par ses conseils, exclusivement même à ses propres idées: qu'il se transformoit, pour ainsi dire, en ses favoris; & qu'il étoit d'une prodigalité audelà de toutes bornes. L'Historien Matthieu qui apprit ses anecdotes de Henri IV, & des Seigneurs contemporains, dit que Henri III regardoit

Son caractere.
Mém. de Cheverni, p. 212.
Mém. de Nevers, t. I.
Matthieu, liv. VII. p. 418.

les cruautés utiles, comme justes & permises. Nous pouvons ajouter encore qu'il tenoit de la Reine sa mère, le goût du rafinement dans les affaires; ensorte que de plusieurs expédients, il choisissoit toujours les plus obliques & les plus compliqués. Il étoit brave à la vérité, mais aisé à rebuter, ne supportant volontiers de la guerre, que le moment de l'action. De ces défauts, on déduit naturellement tous les événements de son regne. Doué de plus de pénétration que de justesse, il devoit saisir vivement un projet, & prendre toujours les plus mauvais moyens pour réussir. Esclave de la volonté de ses favoris, il n'est pas surprenant que Henri ait souvent sacrifié l'état à leurs intérêts. Ses profusions outrées, durent nécessairement créer des sentiments de haine dans le cœur du peuple qui paye & qui souffre. Enfin de cette inclination pour les fausses finesses, pour les coups de main hazardés, pour un repos indolent, il ne pouvoit résulter qu'un cahos d'intrigues, de défiances & de traités de paix faits mal à propos; semences de nouvelles guerres.

Tel est en raccourci le tableau du regne de Henri III. Puisqu'il se déterminoit à la guerre, il étoit naturel de penser que ce Monarque, célebre dès l'âge de vingt-un ans par deux victoires, alloit se mettre lui-même à la tête de ses armées, & poursuivre à outrance ses ennemis; mais par une inconséquence dont on trouvera bien d'autres preuves dans sa conduite, il s'amusa, pour ainsi dire, à chicaner avec ses Sujets, en faisant un jour des offres qu'il rétractoit le lendemain, en tâchant, non de les ramener au devoir, mais de les détruire les uns par les autres. Ce manege n'aboutit qu'à faire soupçonner sa bonne foi, & à lui attirer dès le commencement des marques publiques de mépris.

Henri III. 1574. Cinquieme guerre civile. *Sulli, t. I, p. 86.*

Montbrun, Gentilhomme du Dauphiné, le premier du Royaume, qui, quinze ans auparavant avoit pris les armes pour la Religion réformée, sommé de la part du Roi de rendre quelques prisonniers, eut l'audace de répondre : *Comment ! le Roi m'ecrit comme Roi, & comme si je devois le reconnoître. Je veux bien qu'il sache que cela seroit bon en temps de paix;*

Insolence des révoltés. Brantôme. Le Labour. tome II Duplix, tome III.

mais en temps de guerre, qu'on a le bras armé, & le cul sur la selle, tout le monde est compagnon. Montbrun paya de sa vie son insolence. L'année suivante, les assiégés de Livron, petite ville en Languedoc, aussi coupables, furent plus heureux. Le Roi avoit envoyé son armée devant cette place : voyant qu'elle s'y morfondoit sans avancer, il vint lui-même au camp avec ses courtisans. Du haut de leurs murailles, les assiégés les accablerent d'injures : *Lâches ! leur crioient-ils, assassins ! que venez-vous chercher ? Croyez-vous nous surprendre dans nos lits & nous égorger, comme vous avez fait à l'Amiral ? Paroissez, jeunes mignons ! venez éprouver à vos dépens que vous n'êtes pas seulement capables de tenir tête à nos femmes.* On vit pendant les attaques une vieille femme assise sur la breche, filer tranquillement, & narguer les assiégeants. Comme si le Roi ne fût venu que pour essuyer cette insulte, il se retira, & le siege fut levé.

Pourquoi les affaires empirent.

Tout déclinoit dans les armées, comme dans le conseil, parce que les Ministres instruits, les anciens Géné-

Livre quatrieme. 135

raux voyant leur crédit abforbé par les jeunes favoris, se retiroient. Loin d'être touché de cette défertion, Henri s'en applaudiffoit. Débarraffé de ces hommes graves, il fe trouvoit moins gêné dans fes plaifirs, & les titres qu'ils laiffoient vacants, lui fervoient à décorer fes *mignons*.

Etant à Avignon, le Roi affifta à la proceffion des pénitents, genre de dévotion que l'exemple de la Cour rendit commun en France. On fe revêtoit d'une efpece de fac, qui defcendoit jufqu'aux talons; il étoit furmonté d'un capuchon qui enveloppoit la tête & couvroit le vifage, percé feulement à l'endroit des yeux, pour laiffer la vue libre. Il y avoit des pénitents noirs, blancs, verts & bleus, ainfi nommés de la couleur du fac : à la ceinture ils portoient un grand chapelet de têtes de morts, & une longue difcipline, dont quelques-uns faifoient ufage. Dans les pays chauds, comme l'Italie, où ces confrairies furent inventées, elles faifoient leurs proceffions le foir ou la nuit; elles retinrent cette coutume dans les pays plus tempérés où elles s'introduifirent.

Henri III.
1574.

Le Roi s'affocie aux pénitents.
Journal de Henri III.

La dévotion consistoit à aller d'Eglises en Eglises, récitant à deux chœurs des litanies & des pseaumes chantés d'un ton lugubre. On sent combien sous ce déguisement, favorisé des ténebres, il pouvoit se commettre de désordres. C'est cette facilité, souvent suivie de l'effet, qui attiroit les jeunes gens de la Cour. Chacun voulut en être pour complaire au Monarque, jusqu'au Roi de Navarre, *que le Roi disoit en riant n'être guere propre à cela.*

Mort du Cardinal de Lorraine.
Journal de Henri III.

En sortant d'une de ces processions, le Cardinal de Lorraine fut attaqué d'une maladie qui l'emporta précipitamment à la fin de Décembre. Ce Prélat étoit trop considérable, pour qu'on ne soupçonnât pas qu'il avoit été empoisonné. Sa mort occupa la Cour pendant quelques jours. La Reine mere s'imaginoit le voir comme un grand phantôme pâle qui lui faisoit des reproches; visions effrayantes qui n'attaquent guere une ame ferme, ni une conscience nette! Un affreux orage, qui désola presque toute la France le lendemain de sa mort, fut, selon les Catholiques, un signe certain du courroux du ciel, jusqu'alors appaisé par les prieres de ce grand homme. Les Religionnaires dirent au contraire que c'étoit le sabbat des démons qui venoient le chercher. On raconte ces extravagances, pour faire voir comment juge l'esprit de parti.

HENRI III.
1574.

Charles, Cardinal de Lorraine, ne fut pas un méchant profond, une ame noire, un esprit libertin, un cœur corrompu. Pour être en droit d'en porter ce jugement, il faudroit d'autres témoignages que ceux de ses ennemis. Ce ne fut pas non plus un homme sans passions, sacrifiant tout à la Religion, & supérieur aux foiblesses humaines. *Il y avoit long-temps*, dit le Laboureur, *qu'on ne voyoit plus de saints de si grande maison*. C'étoit un ambitieux doué de talents naturels & exquis, & d'un génie vif, qui, à force de se justifier à soi-même ses desirs, vint peut-être à bout de se persuader qu'ils étoient utiles à la patrie. Cette illusion n'est point rare, même dans les hommes d'Etat. Ainsi avoit pensé le fameux Chancelier de l'Hôpital, mort l'année précédente. On soupçonnoit ce

Rerum mirab. p. 119.
Dupleix, tome III.
Le Lab.

dernier de n'avoir toujours opiné pour la paix, que par attachement à la nouvelle Religion, dont on le croyoit partifan fecret, & il affure dans fon teftament qu'il ne l'a confeillée que pour le bien du Royaume. De même le Cardinal de Lorraine, fi déclaré pour la guerre, recevant les derniers Sacrements en préfence du Roi, *protefte devant fes deux maîtres, que jamais il n'a rien fait ou penfé qui pût préjudicier à la France.* Ainfi il eft des hommes qui, avec les plus grandes lumieres, peuvent jufqu'au dernier foupir fe tromper eux-mêmes, ou chercher à tromper les autres.

La mort du Cardinal de Lorraine fut fuivie de près par le mariage du Roi ; il avoit aimé Marie de Clèves, Princeffe de Condé. Son inclination a fervi de fond à quelques Romans : c'étoit à elle qu'il écrivoit de Pologne avec fon fang. Si-tôt qu'il eut appris la mort de Charles IX, il lui expédia un courier, pour lui dire qu'elle feroit Reine de France ; mais elle mourut prefque fubitement.

Henri fe rappella pour lors les charmes de Louife de Vaudémont,

---

HENRI III.
1574.

1575.
Mariage du Roi.
De Thou, liv. LX.
Davila, liv. VI.
Mém. de Nevers, l. 1.
Matth. liv. VII.
Dupleix, tome III.
Journal de Henri III.

niece du Duc de Lorraine, qu'il avoit vue en allant en Pologne. Il l'épousa à Rheims dans le mois de Février, le lendemain de son Couronnement. Cette Princesse douce & vertueuse, fut toujours triste au milieu des grandeurs : elle ne pouvoit se consoler du sacrifice qu'elle avoit été forcée de faire, en préférant le Roi de France au frere du Comte de Salm, dont elle avoit écouté les vœux dès l'enfance. Louise fut aussi recherchée par François de Brienne, de la maison de Luxembourg. Henri qui le savoit, le trouvant triste un jour, lui dit : *J'ai épousé votre maîtresse, je veux vous donner la mienne.* L'échange n'étoit point égal, puisqu'il s'agissoit d'une fille décriée. Brienne s'excusa, & trop pressé il se sauva de la Cour.

Henri III. 1575.

Ainsi tantôt un manque d'égards, tantôt un passe-droit enlevoit au Roi de bons serviteurs. Jamais cependant Prince n'en eut tant besoin. Pendant qu'il se livroit au spectacle de son sacre, qu'il passoit des journées entieres à arranger des diamants sur ses habits, & à présider à la toilette de sa nouvelle épouse, les Calvinistes &

Confédération de Nîmes.

les Politiques du tiers-parti, mettoient à Nîmes la derniere main au traité, dont ils étoient auparavant convenus.

Ses conditions.

Ce fut une vraie ligue qui forma comme une république dans l'Etat. Les Confédérés se nommerent des chefs, établirent des impôts, en réglerent la levée & l'emploi; firent des loix pour l'administration de la justice, pour la discipline des troupes, pour la liberté du commerce, pour l'exercice de la religion réformée: loix indépendantes du Souverain, dont la base étoit un engagement solemnel de ne jamais traiter les uns sans les autres. Il furent toujours fideles à cette clause, & quelqu'effort que fît la Reine mere pour les désunir, elle n'y put réussir. Au contraire les brouilleries de la Cour fournirent aux mécontents de nouveaux appuis.

Le Roi se fait haïr de sa Cour.
Mém. de Marguerite.
Mém. de Nevers, t. I.
Brantôme, tome III.
Matth. l. VII.
Dupleix, t. III.

L'histoire de ces tracasseries domestiques, devient nécessairement l'histoire du Royaume. Ce sont précisément les grands événements par les petites causes. Les premiers personnages de ces scenes singulieres, furent le Roi, le Duc d'Alençon son frere, le Roi de Navarre, Marguerite son épouse, & la Reine mere: les seconds, une foule de jeunes gens & de femmes, entre lesquels se distinguoit Louis Berenger Duguast, favori en chef, si je puis me servir de ce terme, & la fameuse de Sauve, dangereuse enchanteresse, sûre de retenir dans ses chaînes ceux à qui elle présentoit la coupe empoisonnée du plaisir.

Henri, étant en Pologne, s'entretenoit fréquemment avec ses confidents des Dames de France. Eloignés de celles dont la présence auroit pu leur imposer, ces jeunes gens, autant par vanité que par désœuvrement, se vantoient de leurs bonnes fortunes, & au défaut d'aventures réelles, en imaginoient de vraisemblables. Le Roi voyant celles qu'il avoit cru les plus sages, mêlées dans ces récits indiscrets, conçut pour toutes un mépris qui fut en France la regle de sa conduite à leur égard. Après ce qu'il savoit, il ne croyoit pas qu'aucune dût résister. Il prétendoit nouer lui-même les intrigues, & les rompre à sa volonté. Quand il en rencontroit d'opiniâtres & de rebelles aux amants qu'il leur désignoit : il trouvoit fort mauvais que des femmes, qui en avoient écouté d'autres, ne se rendissent point aux vœux de ses mignons. Si elles cédoient, par des souris malins ou des généralités dont l'application étoit facile, il leur faisoit sentir qu'il étoit initié dans le mystere. Les femmes qui n'aiment point à être contraintes, & encore moins devinées, le payoient d'une haine proportionnée à ses mépris, sur-tout la Reine Marguerite sa sœur.

Cette Princesse, dans ses mémoires, laisse transpirer ces sentiments, dont elle rejette la cause sur Duguast, qu'elle dit avoir empoisonné l'esprit du Roi son frere. On soupçonneroit, à l'entendre, que ce favori eut l'audace d'élever ses desirs jusqu'à elle, & que ce fut une passion rebutée qui le porta à noircir la sœur de son Roi : crime dont Marguerite tira une cruelle vengeance. Il étoit jaloux, dit-elle, de l'union qui régnoit entre moi & mon autre frere le Duc d'Alençon, & il en inspiroit au Roi des défiances, comme si cette liaison eût eu pour but des intérêts contraires à la sûreté de la Cou-

Livre quatrieme. 143

ronne. Le Monarque dans ces préventions, se faisoit une loi de déprimer son frere, pour lui ôter tout crédit.

Henri III.
1575.

Le Duc d'Alençon avoit le défaut des petits génies : il étoit ombrageux, pointilleux, & s'imaginoit toujours qu'on le méprisoit. D'une figure peu avantageuse, il se trouvoit malheureusement dans le cas de souffrir, malgré son rang, des comparaisons humiliantes. Loin de ménager cet esprit aisé à gagner, le Roi l'aigrissoit en le brusquant, ou en applaudissant aux plaisanteries indécentes de ses favoris. Ainsi rabaissé, le Duc d'Alençon cherchoit tous les moyens de se relever. Son cœur s'ouvroit avec une espece de volupté aux projets ambitieux que lui présentoient les mécontents. Le Monarque qui rencontroit toujours le jeune Duc dans les complots, s'en irritoit d'autant plus, qu'il l'estimoit moins. De-là naquit entre les deux freres une aversion qui les rendoit d'une crédulité sans égale, sur tout ce que leur flatteurs vouloient leur insinuer l'un contre l'autre.

Caractere du Duc d'Alençon. Ses défauts.

Pendant que le Roi alloit à Rheims pour se faire sacrer, Hautemer, Sei-

Mésintelligence entre les freres.

gneur de Fervaques, un de ces hommes que l'appas de la fortune mene au crime comme à la vertu, vint le trouver déguisé en paysan, pour lui donner avis d'une conspiration contre sa personne, dont le Duc d'Alençon étoit chef. Henri, sans autre information, croyoit le dénonciateur sur sa parole; mais la Reine mere, remarquant que Fervaques prétendoit mettre son zele à prix, conseilla d'aller bride en main, & d'approfondir. Sur l'offre qu'il faisoit de prouver sa dénonciation par l'aveu même des complices, on lui donna un homme de confiance, nommé Barat, chargé d'aller les entendre.

Fervaques lui assigne rendez-vous dans un village près de Langres, & le cache dans une vieille masure, en attendant que les conjurés soient rassemblés. Barat se présente à eux en pleine campagne, & se dit envoyé du Duc d'Alençon. Ils lui demandent des lettres de créance : Je n'avois garde, leur répond Barat, de me charger de lettres en pareilles circonstances. Comme il étoit cautionné par Fervaques, les conjurés se contentent

de

Livre quatrieme.

de cette défaite : ils entrent alors en conversation & expliquent leur dessein ; ils ne se proposoient pas moins que de tuer le Roi, pour mettre le Duc d'Alençon à sa place. A les entendre, il n'y avoit rien de si facile, quand le Monarque, après son sacre, iroit de Rheims à *Saint-Marcoul ;* mais ils se plaignoient vivement du Duc d'Alençon, dit alors Monsieur, parce que depuis quinze jours qu'ils tenoient un agent auprès de lui, ils ne pouvoient avoir de ses nouvelles. Barat leur donna de bonnes espérances, les quitta, & vint faire son rapport.

Muni de ces preuves, le Roi vouloit qu'on fît le procès à son frere ; mais la Reine mere s'y opposa, & travailla à les réconcilier. On manda Monsieur, il avoua qu'il avoit eu connoissance du complot ; mais il assura n'avoir pas su jusqu'où on vouloit le porter, & n'y avoir jamais donné son consentement. Catherine fit entendre au Roi son fils que c'étoit moins un parti pris qu'une volonté passagere de quelques mécontents obscurs, qui prétendoient se rendre importants, & elle assoupit l'affaire; mais il en resta au Roi un vif ressentiment contre son frere, & il étoit toujours prêt à le soupçonner.

Embarras de la Reine mere.

Une fois, à l'occasion d'un mal d'oreille, une autre fois pour une simple piquûre d'épingle, il se mit en tête que le Duc d'Alençon l'avoit empoisonné : celui-ci, outré de ces imputations injurieuses, vouloit attaquer ouvertement les favoris qu'il en croyoit les auteurs. La Reine se trouvoit fort embarrassée entre ses enfants. Madame de Sauve lui servoit à arrêter les fougues de Monsieur; mais il échappoit souvent à l'adresse de cette femme, sur-tout quand la jalousie s'en mêloit, ce qui arrivoit quelquefois lorsqu'elle montroit des égards au Roi de Navarre, avec qui néanmoins elle étoit obligée de partager ses attentions, afin de le retenir aussi dans ses liens.

*Son antipathie contre le Roi de Navarre.
Mém. de Marguerite.*

Pour ce Prince, comme s'il avoit été attéré par le massacre de la Saint-Barthelemi, il vivoit depuis ce temps dans l'indolence, ne se refusant pas absolument aux occasions qui pouvoient favoriser sa fortune; mais ne

Livre quatrieme. 147

s'y livrant néanmoins qu'avec précaution, parce qu'il savoit qu'il étoit entouré de surveillants & d'ennemis.

HENRI III. 1575.

Henri III l'aimoit; mais soit caprice ou crainte, Catherine, qui l'avoit aussi aimé dans son enfance, le haïssoit depuis qu'il étoit son gendre; elle eut même quelques idées de rompre son mariage *pour lui faire un mauvais tour*, dit la Reine Marguerite dans ses mémoires. Elle raconte ainsi le fait : *Etant allée un jour de fête au lever de ma mere, que nous devions faire nos pâques, elle me prend à serment de lui dire vérité, & me demanda si le Roi mon mari étoit homme, me disant que si cela n'étoit elle avoit moyen de me démarier. Je la suppliai de croire que je ne me connoissois pas en ce qu'elle me demandoit; mais quoique ce fût, puisqu'elle m'y avoit mise, je voulois y demeurer.*

Cette mauvaise volonté de Catherine se manifesta encore à la mort de Charles IX. Prêt à expirer, le Roi voulut embrasser son beau-frere. Ne pouvant priver son gendre de cette faveur, Catherine y joignit du moins des circonstances, qu'elle crut devoir

Cayet, t. I, p. 252.

G 2

l'assaisonner d'amertume. Pour introduire le Roi de Navarre auprès de Charles, on le fit passer par une galerie longue & obscure, dans laquelle on avoit aposté des hommes armés à mine farouche, dont le maintien menaçant pouvoit intimider les plus intrépides. Le moribond combla son beau-frere de caresses, lui recommanda sa femme, sa fille, & même son Royaume; puis tombant sur la conspiration de la Mole: *Je sais,* dit-il, *que vous n'êtes point du trouble qui est survenu. Si j'eusse voulu croire ce qu'on m'a dit de vous, vous ne seriez plus en vie. Ne vous fiez-en....* La Reine répondit: *Monsieur, ne dites pas cela. Madame, reprit le Roi, je le dois dire, & est vérité.* Cayet assure que la personne, ou simplement indiquée, ou nommée trop bas, pour qu'on ait pu l'entendre, étoit la Reine mere elle-même. Selon le conseil de Charles IX, le gendre se défia toujours de sa belle-mere; & quelques caresses qu'elle lui fit, il ne se remit plus entre ses mains, si-tôt qu'il en fut une fois tiré.

Insulte fai- Les Députés, que les Confédérés

entretenoient auprès du Roi malgré les hostilités, exhortoient vivement les deux Princes à se délivrer de leur captivité. Le premier qui leur prêta l'oreille, fut le Duc d'Alençon. Entre les braves qui s'étoient attachés à son service, on remarquoit Bussi d'Amboise, homme à bonnes fortunes, le mieux fait de la Cour, dont la valeur égaloit l'arrogance. Sa fierté le rendoit insupportable aux favoris du Roi, qu'il bravoit en toute rencontre, & par contre-coup au Roi lui-même, qui adoptoit tous les préjugés de ses mignons. A la haine se joignirent quelques motifs de jalousie, & il fut résolu de s'en défaire; mais quoique les assassins fussent en grand nombre & favorisés de la nuit, le coup manqua, par la résistance de quelques amis dont Bussi étoit toujours accompagné. Le Duc d'Alençon regarda comme un attentat contre sa propre personne, l'entreprise méditée contre son plus cher favori.

 Quelque temps auparavant, sur un bruit que Damville étoit mort en Languedoc, le Roi avoit donné ordre d'étrangler à la bastille les Maré-

HENRI III.
1575.
te au Duc d'Alençon.
Mém. de Marguerite.

On veut se défaire de Montmorenci.
Matth. l. VII, p. 418.

chaux de Montmorenci & de Coſſé: ils ne durent la vie qu'aux délais & aux remontrances de Gilles de Souvré, qui obtint que du moins on attendroit la confirmation de cette nouvelle: elle ſe trouva fauſſe, & les proſcrits furent ſauvés; mais ces réſolutions ſanguinaires, quoique non exécutées, outrerent le Duc d'Alençon & les Montmorencis. Egalement maltraités, ils unirent leurs reſſentimens. Le Duc d'Alençon ſe ſauva de la Cour en Septembre, & ſe jeta entre les bras des mécontens.

Son évaſion fit un grand éclat dans le Royaume. Le Roi croyoit avoir gagné les Confédérés par des offres bien ſupérieures à tout ce qu'ils pouvoient demander. Il conſentoit à leur donner des places de ſûreté; au lieu de quatre Juges recuſables, ſeize dans chaque Parlement; libre exercice de la Religion Calviniſte, dans les lieux actuellement en poſſeſſion de ce privilege, aux Seigneurs haut-juſticiers par-tout, aux autres dans leurs châteaux, pourvu qu'ils ne fuſſent ni dans les fauxbourgs des villes prohibées, ni à deux lieues de la Cour, ni à dix de Paris. Quoique ces propositions n'eussent point été acceptées, le Monarque restoit en repos, persuadé que tôt ou tard les rebelles se rendroient à ses desirs.

Les mécontents profitoient de cette indolence, pour mieux lier leur partie. Sous les yeux de la Cour, de son consentement même, & avec ses passe-ports, leurs Députés alloient en Allemagne, en revenoient, & portoient les paroles des Confédérés au Prince de Condé, qui négocioit avec le Duc Jean Casimir, fils de l'Electeur Palatin. Ce Prince se fit acheter bien cher. Outre des stipulations très-justes, savoir, que toutes les opérations de paix & de guerre ne se feroient que de concert avec lui, & qu'on lui donneroit des sûretés pour la paie de ses troupes, il exigea encore que la premiere condition du traité de paix, quand on y viendroit, seroit que le Roi lui cédât d'une maniere indéfinie le gouvernement de Metz, Toul & Verdun. Dans la crainte de n'avoir aucun secours, les Confédérés en passerent par cette clause odieuse. Quand on sut que le Duc d'Alençon avoit

HENRI III.
1575.

Les mécontens appellent une armée étrangere.

G 4

L'Esprit de la Ligue.

HENRI III.
1575.

quitté la Cour, il fut résolu, pour donner du poids au parti, que le Prince de Condé & Casimir ne prendroient que la qualité de Lieutenants du Duc d'Alençon.

Le Duc d'Alençon quitte la Cour.

De Paris, le Duc se sauva à toute bride à Dreux, ville de son appanage, où il trouva une forte escorte : il y publia un manifeste rempli de protestations de fidélité au Roi, de plaintes contre ses favoris, & de promesses aux grands & aux peuples, style ordinaire de ces sortes de pieces. De Dreux, le Prince se retira en Poitou, où il fut joint par la Noue, Levi de Vantadour, beau-frere de Damville, Henri de la Tour d'Auvergne, son neveu, accompagnés d'un gros corps de noblesse.

Effet de cette évasion.
Mém. de Marguerite, de Nevers, de Bouillon.

Si-tôt qu'on s'apperçut de la fuite du Duc, ce fut un trouble général à la Cour. Le Roi alloit & venoit, s'emportoit, menaçoit : il écrivit partout, ordonna aux Princes, aux Seigneurs, à tout ce qui l'environnoit, de monter à cheval, & de lui ramener son frere, mort ou vif. Quelques-uns obéirent ; mais le plus grand nombre ne crut pas devoir céder à

Livre quatrieme.

cette vivacité : ils répondirent *qu'ils voudroient mettre leur vie en ce qui seroit du service du Roi; mais d'aller contre Monsieur son frere, ils savoient bien que le Roi leur en sauroit un jour mauvais gré. Il est dangereux*, disoit le Duc de Montpensier, *de se mettre entre la chair & l'ongle.* On fut si étonné à la Cour, on soupçonnoit si peu quelles étoient les forces & les desseins du Duc, qu'on fit fortifier la ville de Saint-Denis, comme si le Duc d'Alençon avoit eu une armée prête à faire le siege de Paris.

La frayeur rend ordinairement cruel. La Reine mere apprenant que Thoré, frere du Duc de Montmorenci, étoit prêt à entrer en France avec un corps de troupes destiné à frayer le chemin à l'armée de Casimir, lui fit dire que s'il avançoit, elle lui enverroit les têtes de son frere & de son beau-frere. Il répondit : *Si la Reine fait ce qu'elle dit, elle n'a rien en France où je ne laisse des marques de ma vengeance*, & il continua sa marche. Cette assurance fit prendre une résolution contraire; ce fut de délivrer les Maréchaux, &

Henri III. 1575.

Catherine cruelle & indulgente.
Matth. *l.* VII, p. 523.

G 5

de se servir de leur médiation pour négocier avec le Duc d'Alençon.

Catherine prit toutes sortes de mesures pour persuader aux prisonniers qu'ils étoient redevables de la liberté à sa seule bienveillance ; & après les avoir comblés de caresses, elle les mena en Touraine, où elle s'aboucha avec le Duc d'Alençon. Le succès du traité dépendoit de celui des armes. Thoré étoit entré en France à la tête d'un corps de Reitres, dans le dessein d'aller joindre les Confédérés au-delà de la Loire. Guise, Gouverneur de Champagne, alla au-devant de lui, l'attaqua près de Langres, & le défit : il reçut dans cette action une blessure à la joue, dont la marque lui resta toute sa vie, ce qui le fit surnommer *le balafré*. Le vif intérêt que les Catholiques prirent à son accident, montra combien sa conservation leur étoit précieuse. Il ne put poursuivre son avantage, parce que le Roi ne lui envoya pas de secours. On en conclut dès-lors que ce Prince appréhendoit ses succès ; sujet de murmure pour les Catholiques zélés.

Les choses resterent donc à peu près

indécises, & les rebelles regardant cet échec comme peu important, se tinrent toujours fermes, de maniere que la Reine, avec tous ses efforts, ne put obtenir qu'une treve de sept mois, à commencer du vingt-deux Novembre, au vingt-cinq Juin; encore fut-elle toute à l'avantage des Confédérés. Le Roi s'engagea à donner une somme considérable tant pour payer l'armée de Casimir, que pour l'empêcher d'entrer en France; de livrer aux Religionnaires & Catholiques unis, six villes; savoir Angoulême, Niort, la Charité, Bourges, Saumur & Mézieres; de payer les garnisons qu'on y mettroit aux ordres du Prince de Condé & du Duc d'Alençon, & d'entretenir au dernier une garde de Suisses, d'Arquebusiers & de Gendarmes. Il est vrai qu'on mit pour condition que paix ou guerre, ces villes seroient rendues à l'expiration de la treve; mais on sentoit bien que c'étoit une condition illusoire demandée seulement afin de sauver en apparence l'honneur du Roi; car il étoit clair que si les Confédérés se prêtoient à la paix, ils stipuleroient pour premier

G 6

article, la conservation de ces gages de leur sûreté, & qu'en cas de guerre, ils se garderoient bien de les rendre.

Henri forcé de céder de tous côtés.

Ainsi en moins de quatorze mois, Henri III se vit réduit à faire une treve honteuse avec ses sujets. Il fut obligé de souffrir les étendards des révoltés sur les remparts de ses villes. Il perdit la couronne de Pologne, dont la nation assemblée le priva avec une brusquerie qui tenoit du mépris. Il sacrifia aux Ducs de Savoie & de Lorraine, sans pouvoir en faire des amis, de bonnes places & de grands territoires qui avoient coûté, sous ses prédécesseurs, beaucoup de sang à la France. Enfin il essuya dans sa propre cour le plus sensible des affronts.

Duguast, son favori, assassiné.

Duguast, ce favori impérieux qui, fier de la protection de son maître, se croyoit à l'abri des revers, éprouva dans ce temps ce que peut une femme irritée. Marguerite, Reine de Navarre, se plaignoit depuis long-temps d'être en butte à sa malice. Elle l'accuse dans ses mémoires d'avoir voulu rendre sa conduite suspecte à son mari : de lui avoir enlevé l'amitié du Roi son frere ; d'avoir été cause qu'il prit contr'elle des résolutions extrêmes. On auroit tort de le juger sur les accusations de son ennemie. Duguast avoit des qualités estimables, entr'autres celle de ne point flatter son maître, vertu rare dans un favori. *Je l'ai vu*, dit Brantôme, *faire des remontrances au Roi lorsqu'il lui voyoit faire quelque chose de travers, ou qu'il l'oyoit dire de lui. Le Roi le trouvoit bon & s'en corrigeoit* ; mais pour Marguerite, elle le détestoit. Cette Princesse, sans crédit, indifférente à sa mere, méprisée de son mari, haïe du Roi, attaqua ce colosse de puissance & l'abattit. Elle cherche un assassin, surmonte ses craintes & ses scrupules, dans une entrevue qu'elle lui ménage pendant la nuit, aux dépens de sa réputation, & fait poignarder Duguast dans son lit, presque sous les yeux du Roi, qui se contente de le plaindre, & n'ose le venger.

HENRI III.
1575.

Ces événements n'altéroient que foiblement la tranquillité de Henri III, le plus facile des hommes à se consoler de ses disgraces. On a cru que c'étoit pour faire diversion à ses chagrins, qu'il se livroit à des occupa-

Amusemens puériles du Roi.
Journal de Henri III.

[HENRI III. 1575.]

tions & à des amusements si disparates, & qui l'affectoient tellement, qu'ils paroissoient alors sa principale affaire. Le journal de sa vie présente une infinité de ces sortes d'actions, quelquefois excellentes en elles-mêmes, quelquefois simplement puériles; mais presque toujours faites à contre-temps. *Nonobstant toutes les affaires de la guerre & de la rebellion que le Roi avoit sur les bras, il alloit ordinairement en coche avec la Reine son épouse, par les rues & maisons de Paris, prendre les petits chiens qui leur plaisoient, alloient aussi par tous les monasteres des femmes, aux environs de Paris, faire pareilles quêtes de petits chiens, au grand regret des dames qui les avoient, se faisoient lire la grammaire & apprendre à décliner.*

Ses dévotions.

Le même Prince en Octobre & Novembre, pendant que les rebelles se fortifioient à l'ombre de la treve, *fit mettre sus par les Eglises de Paris, les Oratoires, autrement dit les Paradis, où il alloit tous les jours faire des aumônes & prieres en grande dévotion, laissant ses chemises à grands goderons, dont il étoit auparavant si* curieux, pour en prendre le collet renversé à l'italienne. Il fit faire procession générale & solemnelle, en laquelle il fit porter les saintes reliques de la sainte chapelle, & assista tout du long, disant son chapelet en grande dévotion. Par son ordre, la ville & la Cour y assisterent, hormis les dames que le Roi ne voulut qu'elles s'y trouvassent, disant qu'il n'y avoit dévotion où elles étoient.

 C'est encore un problême de savoir si Henri vaquoit à ces exercices de religion par hypocrisie, par amour du spectacle, ou par véritable dévotion. Il seroit trop dur de taxer d'hypocrisie un homme qui ne sut jamais prendre sur lui-même de cacher ses vices; mais on peut lui soupçonner de l'ostentation quand il assistoit à ces cérémonies avec un air de parade & de vaine complaisance; le taxer de légéreté, quand après, il étoit le premier à rire des boufonneries qui avoient échappé à ses jeunes mignons, sous le sac de pénitents; enfin lui reprocher de l'inconséquence, quand non content de dire son chapelet *de têtes de mort* le long des rues, il le *marmotoit* au bal & dans des parties de débau-

che, & quand il l'appelloit en plaisantant *le fouet de ses grandes haquenées*. Peut-être aussi qu'ayant été mal élevé, il se persuada que la religion ne consistoit que dans ces dehors, qui n'en doivent jamais être que l'accessoire.

Pendant que la treve se publioit d'un côté, elle se rompoit de l'autre. Si les chefs suspendoient les hostilités, les inférieurs se croyoient permise une petite guerre qui ne déplaisoit pas aux Princes, parce qu'elle tenoit les troupes en haleine. Les Gouverneurs de Bourges & d'Angoulême, villes accordées aux Confédérés par le traité, ne voulurent point les céder. La Cour feignit d'en être fâchée, & donna en échange aux Réformés, Cognac & saint-Jean d'Angeli. On ne parla seulement pas de livrer Mézieres, selon les conventions. Il auroit été en effet bien imprudent de leur abandonner une ville située sur la frontiere du Royaume, qui auroit servi d'appui aux Allemands qu'on auroit voulu introduire en France. Le Roi levoit aussi des troupes étrangeres, sujet de plaintes pour les Confédérés, qui avoient l'injustice de crier à la trahison, pendant qu'ils ne gardoient pas même les bienséances.

Comme si les hommes n'eussent pas mérité qu'on mît du moins de l'art à les tromper, le Duc d'Alençon écrivit hardiment au Parlement, qu'une armée étrangere alloit entrer en France; qu'il en étoit fâché, mais qu'il comptoit ne s'en servir que contre les ennemis de l'Etat. Il prioit en conséquence les Magistrats d'interposer auprès de son frere leurs bons offices, pour lui faire connoître la justice de sa cause. Le Duc écoutoit en même temps les propositions avancées par la Reine, tendantes à une paix générale. Il envoyoit de concert avec elle, des couriers chargés de retarder la marche de Casimir, & sous main il le pressoit d'avancer.

Ces instances secrettes eurent leur effet. Casimir & Condé entrerent en Champagne en Février, traverserent la Bourgogne, passerent la Loire & l'Allier, & se joignirent dans le Bourbonnois, le premier jour de Mars, au Duc d'Alençon, qui fut déclaré généralissime. Ses forces réunies se trouverent monter à trente mille hom-

Henri III.
1576.
De Thou,
liv. LXII.
Davila,
liv. VI.

L'armée étrangere entre en France.

mes Suisses, Allemands & François. Elles avoient été côtoyées dans leur marche par une armée Royale, sous le commandement du Duc de Mayenne, frere cadet du Duc de Guise; mais il ne jugea pas à propos de les attaquer, soit qu'il ne fût pas assez fort, ou qu'il n'eût pas des ordres assez précis de la Cour, dont les délibérations étoient toujours traversées par de nouveaux événements.

Henri, Roi de Navarre, vivoit au milieu des troubles en homme indifférent. D'Aubigné prétend qu'il faisoit le personnage de *Brutus* à la Cour de Tarquin, cachant sous une indolence politique, l'activité & les autres vertus héroïques qui le rendirent depuis les délices de la France, & la terreur de ses ennemis; mais il est plus vraisemblable que Henri, alors âgé seulement de vingt-deux ans, étoit enchaîné par les plaisirs. Loin d'envier le rôle brillant qu'alloit jouer le Duc d'Alençon quand il quitta la Cour pour paroître à la tête des Confédérés, le Roi de Navarre ne vit dans cet événement qu'un rival de moins auprès de la Dame de

Marginalia:
HENRI III. 1576.

Le Roi de Navarre se sauve de la Cour.
Journal d'Henri III.
D'Aubigné, t. II, page 778.
Mém. de Chiver. page 91.
De Bouill. page 174.
De Sulli, liv. I, p. 88.
Amirault, p. 207.
Mém. de Marguerite.
De Mornay.
Matthieu liv. VII. p. 427.

Sauve, leur commune maîtresse, dont la Reine se servoit pour le retenir.

Mais le remede vint d'où venoit le mal. Celle même qui le captivoit lui fit connoître qu'on le méprisoit; qu'on ne l'avoit employé dans aucune occasion malgré ses offres; que le commandement des armées étoit donné à d'autres qui ne le valoient pas, & que pendant qu'il s'énervoit dans une molle oisiveté, le Duc d'Alençon alloit ou se couvrir de lauriers, ou, s'il vouloit se prêter à la paix, obtenir la Lieutenance générale du Royaume. Ces discours émurent le Roi de Navarre; son courage se réveilla, mais la prudence lui servit de guide : il accoutuma de longue main ses surveillants à ne point s'inquiéter des absences qu'il faisoit de temps en temps, sous prétexte de chasse, & à la premiere occasion favorable il se sauva de la Cour en Février.

Ce n'est pour ainsi dire que de ce moment que commence la vie du grand Henri. Il alla d'abord, d'une traite, à vingt lieues de Paris, où il rassembla quelques amis qui avoient le mot, & se retira avec eux à grandes journées dans son gouvernement de Guyenne. Sans doute la crainte de n'être qu'en second l'empêcha de joindre l'armée des Confédérés que le Duc d'Anjou commandoit ; mais il envoya des Députés à une espece de diete qu'ils tinrent à Moulins, dont le résultat fut une longue requête au Roi ; elle contenoit en détail les demandes des intéressés.

Prétentions outrées des Confédérés

Si le Roi les eût accordées, c'en étoit fait de la Religion Catholique & de sa Couronne. Outre les anciennes concessions, telles que la liberté de conscience & des places de sûreté, les Réformés demandoient le partage de toutes les Eglises & des dîmes entre le Clergé romain & leurs Ministres ; qu'on augmentât l'appanage de Monsieur, avec des clauses qui l'auroient rendu une vraie souveraineté dans le Royaume ; entr'autres qu'on lui donnât une garde toujours subsistante de six cents hommes de cavalerie, & trois mille d'infanterie, entretenue aux dépens du Roi. Chacun fit ensuite ses propositions en particulier. Le Prince de Condé exigeoit la jouissance du gouvernement de

Picardie, dont il n'avoit eu jusques-là que le titre, aussi bien que la disposition absolue de Boulogne sur mer. Le Roi de Navarre vouloit une autorité presqu'indépendante dans son gouvernement de Guyenne, la souveraineté dans ses domaines de France, les paiements des anciennes pensions accordées à sa famille, de la dot de sa femme & des arrérages. Ceux qui ne purent faire entrer leurs prétentions dans la requête générale, eurent soin d'en charger les Députés qu'on envoya à la Cour. Il est clair que si ces articles eussent passé, il se feroit établi dans toutes les parties de la France une multitude de petites Républiques, qui, ayant le même intérêt, se seroient réunies au premier signal contre l'autorité légitime.

La Reine mere para habilement ce coup. Comme le Duc d'Alençon marquoit un vif attachement à la Reine de Navarre sa sœur, à qui le Roi avoit donné des gardes après la fuite de son mari, sa mere la tira de prison, & la mena avec elle au camp de son fils, escortée de plusieurs

HENRI III.
1576.

La Reine fait la paix.

autres Dames, qu'on appelloit son escadron volant.

On remarqua que la vue de cette troupe fit chanceler le Duc. Rien ne parut dur à Catherine pour retirer son fils des mains des mécontents ; elle augmenta son apanage de trois provinces, la Touraine, le Berry & l'Anjou : on lui en donna tous les droits honorifiques ; la disposition du civil & du militaire ; la nomination aux bénéfices consistoriaux, & une pension de cent mille écus. De ce moment le Duc d'Alençon prit le titre de Duc d'Anjou.

Quand le Prince fut content, il s'imagina, selon la coutume des grands, que tous les autres devoient l'être ; de sorte que chacun fut réduit à tirer ce qu'il put : le Prince de Condé, des espérances pour son gouvernement de Picardie ; Casimir, l'attente d'une belle terre en France, & de la solde due à ses troupes, à qui on ne donna comptant qu'une somme très-modique, en comparaison de la dette totale : les autres céderent, sans conditions meilleures ni pires qu'auparavant ; il y eut seulement un Edit

Livre quatrieme. 167

qui étendoit un peu les privileges des Réformés, & qui réhabilitoit la mémoire de l'Amiral, de la Mole & de Coconnas : le reste fut renvoyé à l'assemblée des Etats, que le Roi indiqua à Blois pour la mi-Novembre. En attendant, le Duc d'Anjou alla dans son apanage jouir de sa nouvelle domination. Le Roi de Navarre se cantonna en Guyenne, le Prince de Condé, dans les environs de la Rochelle, & Casimir retourna sur la frontiere de Champagne, attendre les millions qui lui étoient promis.

Mais comme il ne se trouva rien dans les coffres, le Roi voulut *fouiller aux bourses des bourgeois de Paris :* le moment n'étoit pas favorable. L'année précédente, le Roi ayant essayé d'emprunter, on lui avoit répondu par des remontrances ; cette année on ajouta des pasquinades *(a)*. On murmuroit hautement de voir le Roi

HENRI III.
1576.

Les favoris commencent à être appellés mignons.
Journal d'Henri III.

(a) On afficha celle-ci au louvre : *Henri, par la grace de sa mere, inutile Roi de France & de Pologne, imaginaire Concierge du louvre, Marguillier de S. Germain l'Auxerrois, Bâteleur des Eglises de Paris, Gendre de Colas, Gauderonneur des collets de sa femme, & friseur de ses cheveux, Mercier du palais, Visiteur d'estuves, Gardien des quatre mendiants, Pere conscript des blancs battus, & Protecteur des Capucins.*

entouré de jeunes gens, auxquels il prodiguoit l'argent des peuples. Ses principaux favoris étoient Caylus, Maugiron, Livarot, Saint-Mesgrin, Joyeuse, Nogaret, la Valette. La plupart furent introduits à la Cour par René de Villequier, qui y faisoit le personnage méprisable d'artisan de plaisir. La main qui les présentoit, rendit leurs mœurs suspectes : ils commencerent alors à être appellés *Mignons*. Leur air efféminé donna lieu à des imputations odieuses, que la conduite du Roi ne démentoit pas assez. Il en résulta à l'égard de ce Prince un mépris général, qui, peut-être plus que tout le reste, accrédita la fameuse faction connue sous le nom de la Ligue.

LIVRE V.

LIVRE V.

CEux qui lisent l'histoire, ne sont pas surpris d'y trouver des révolutions opérées par des conquérants rapides, armés de droits légitimes ou apparents, ou occasionnées par le mécontentement des grands & du peuple, attaqués dans leurs biens & leurs privileges, ou enfin causées par le zele d'une Religion ancienne à soutenir, ou d'un dogme nouveau à établir. Ces événements sont ordinaires, & il n'y a guere d'Etat qui n'en fournisse des exemples.

Ce que la Ligue présente de singulier, c'est d'abord le soulévement presque général des Catholiques, contre un Roi très-catholique & toujours reconnu pour tel, malgré les suggestions employées pour faire suspecter sa foi ; ensuite les prétentions hardies de cette Ligue audacieuse, même dans la foiblesse de ses commencements ; sa marche toujours ferme & uniforme, malgré la connois-

Singularité de la Ligue. De Thou, liv. LXIII. Davila, liv. VI.

HENRI III.
1576.

sance qu'on avoit de ses secrets, malgré les mesures prises pour l'arrêter : le but du complot, qui étoit de mettre sur le Trône un étranger, sans titre même coloré ; les succès effrayants de cette ligue, à la vérité punis dans le chef, mais si bien concertés, que de son sang répandu naquirent de nouveaux monstres ; le fanatisme qui poignarde les Rois, l'anarchie qui désole les Empires, la tyrannie du peuple, brutale & insolente, plus redoutable que celle des grands ; enfin tous les fléaux que Dieu envoie aux hommes dans sa colere, fléaux qui désolerent la France jusqu'au moment où le Tout-puissant, touché de nos maux, couronna les efforts de Henri, vainqueur & pacificateur de son Royaume.

Son origine éloignée.
Mém. de Montluc, liv. VI. p. 430.
Rec. de choses mémor. tome III. p. 694.
Sat. Ménip. p. 125.

Il ne faut pas s'imaginer que les Guises conçurent tout-à-coup le projet de s'asseoir sur le Trône ; leur ambition eut ses âges. On prétend que le Cardinal de Lorraine concerta la ligue après la bataille de Dreux, dans le Concile de Trente ; mais s'il imagina quelque chose, ce ne fut tout au plus que le dessein de lier le sort de sa maison à la Religion Catholique, dont les zélés regardoient son frere comme leur soutien. Peut-être poussa-t-il ses idées politiques jusqu'au projet de fortifier cette liaison par l'accession des autres Puissances Catholiques, comme le Pape & le Roi d'Espagne. Il se forma à la vérité en 1563, dans les provinces, & même à la Cour, de petites ligues particulieres que le gouvernement réprima : c'étoit déja l'ouvrage de l'inquiétude des Catholiques, qui, voyant les Calvinistes réunis alarmer le Conseil du Roi, lui arracher des graces, s'unirent aussi de leur côté pour former un contre-poids, & empêcher que ces graces ne devinssent préjudiciables à leur Religion ; mais ces petites ligues, éparses & isolées, n'avoient point de centre commun. Ce ne fut qu'en cette année 1576, qu'on commença à parler d'élire un chef, capable de soutenir l'ancienne Religion, indépendamment du Roi, regardé comme trop foible. Il est possible que dès-lors Henri de Lorraine, Duc de Guise, chef désigné, n'ait plus mis de bornes à ses vœux. Ce seroit pourtant le croire un peu chimérique, que de lui supposer des prétentions à la Couronne, bien développées avant la mort du Duc d'Anjou.

Guise, fils du Duc assassiné devant Orléans, n'avoit pas dix-neuf ans quand il attira sur lui les yeux de toute la France par sa belle défense dans Poitiers, que l'Amiral assiégeoit. Ne négligeant aucune occasion de frapper les Religionnaires, couvert de leur sang à la Saint-Barthelemi, prodigue du sien à la tête de l'armée qui battit les Allemands près de Langres, il blâma toujours les ménagements de la Cour pour les Calvinistes; par-là il gagna souverainement le cœur des Catholiques. Les murmures des plus zélés, à la nouvelle de la derniere paix, lui marquerent, pour ainsi dire, son rôle. Il avoit autrefois aspiré au mariage de Marguerite de Valois, depuis Reine de Navarre; mais l'indignation de Charles IX, outré de son audace, le força d'y renoncer. Henri III l'aimoit dans ce temps; il l'embrassoit un jour, & regardant tendrement sa sœur: *Plût à*

Henri III.
1576.

Son chef.
Mém. de Marguerite.
Vie de Thou, liv. II, p. 103.

Dieu, lui dit-il, *que vous fussiez mon frere!* Au retour de Pologne le même Prince ne lui montra plus que de l'indifférence. Guise trouva la même froideur dans le Duc d'Anjou & le Roi de Navarre, dont il rechercha inutilement les bonnes graces. S'appercevant donc qu'il n'avoit rien à espérer à la Cour, où l'on affectoit de lui donner toutes sortes de dégoûts, il se livra à la faveur populaire, qui travailloit sourdement pour lui.

Il se trouve toujours dans les factions des gens ardents, qui font leur intérêt de celui des chefs, & qui poussent souvent plus loin que ceux-ci n'espéreroient, les moyens imaginés par les spéculatifs. Des bourgeois de Paris, marchands, gens de Palais, & autres, non contents de s'entretenir entr'eux, par occasion, de l'Etat & de la Religion, en vinrent jusqu'à tenir des assemblées clandestines, dans lesquelles ils traitoient la matiere exprès. Comme ils avoient déja vu les Calvinistes s'engager par des serments & des souscriptions de formulaires à la défense de la cause commune, ils crurent ne pouvoir mieux faire dans la

Henri III.
1576.

Sa naissance.

circonstance, que de suivre cet exemple. On ne peut assurer si cette manie d'associations commença par Paris ou par les provinces: l'acte le plus ancien qui nous en reste, & le seul entier, est de Picardie. Le Seigneur d'Humieres, qui y commandoit, avoit une querelle personnelle avec le Prince de Condé. Craignant de voir tomber sa puissance, si le Prince, selon une clause expresse de la derniere paix, étoit mis en possession de son gouvernement, d'Humieres tâcha de lui susciter des obstacles, & n'en trouva pas de meilleur que de forcer la Noblesse, par un engagement solemnel, à ne rien souffrir qui pût préjudicier au bien de la Religion Romaine. Il dressa une formule de serment qu'il présenta aux Gentilshommes de la province, presque tous aussi Catholiques, qu'attachés à leur Commandant. Ils signerent cette confédération, & en peu de temps la Picardie entiere, villes & campagne, se trouva engagée dans la ligue.

Condition de la Ligue. Mém. de Marg. t. I.

Le préambule du formulaire, & le but qu'on paroissoit s'y proposer, ne présentoit rien que de louable au pre-

mier coup d'œil : on s'engageoit par serment à persévérer jusqu'à la mort dans la sainte union formée au nom de la sainte Trinité, pour la défense de la Religion Catholique, du Roi Henri III, & des prérogatives dont le Royaume jouissoit sous Clovis; premiere insinuation qui rendoit les Ligueurs maîtres d'étendre leurs vues à des objets absolument étrangers à la Religion; mais le poison le plus subtil étoit caché dans les loix mêmes de l'association, conçues en ces termes : " Nous nous obligeons à em-
„ ployer nos biens & nos vies pour le
„ succès de la sainte union, & à pour-
„ suivre jusqu'à la mort ceux qui vou-
„ dront y mettre obstacle. Tous ceux
„ qui signeront seront sous la sauve-
„ garde de l'union; & en cas qu'ils
„ soient attaqués, recherchés ou mo-
„ lestés, nous prendrons leur défense,
„ même par la voie des armes, *contre*
„ *quelque personne que ce soit.* Si quel-
„ ques-uns, après avoir fait le ser-
„ ment, viennent à y renoncer, ils
„ seront traités comme rebelles & ré-
„ fractaires à la volonté de Dieu, sans
„ que ceux qui auroient aidé à cette

> vengeance puissent jamais en être inquiétés. *On élira au plutôt un chef, à qui tous les Confédérés seront obligés d'obéir, & ceux qui refuseront, seront punis selon sa volonté.* Nous ferons tous nos efforts pour procurer à la sainte union des partisans, des armes, & tous les secours nécessaires, chacun selon nos forces. *Ceux qui refuseront de s'y joindre, seront traités en ennemis, & poursuivis les armes à la main. Le chef seul décidera les contestations qui pourroient survenir entre les Confédérés, & ils ne pourront recourir aux Magistrats ordinaires que par sa permission*. Ainsi ils transmettoient toute la puissance royale au chef futur, qu'on sentoit bien devoir être autre que le Roi.

Ses progrès. Henri ne sut cette entreprise contre son autorité, que lorsqu'il y avoit déja beaucoup de Gentilshommes, d'Ecclésiastiques, de bons bourgeois, de gens de Palais, des villes considérables & des provinces entieres affiliées à la ligue. Quant au plan secret & aux ressorts qu'on devoit faire jouer, il les apprit du moins assez à temps pour y pourvoir, s'il avoit su prendre une résolution & la suivre. Ces lumieres lui vinrent de son Ambassadeur en Espagne, où les ligués entretenoient des agents cachés: elles lui vinrent aussi par le canal des Calvinistes, qui surprirent & firent passer au Roi les papiers d'un Avocat, nommé David, député à Rome par le parti, & instruit de tous les mysteres. Quelques Auteurs prétendent que ces papiers furent supposés par les ennemis du Duc de Guise; mais il feroit bien étonnant qu'ils eussent si bien deviné & exposé d'avance, à très-peu de changement près, ce qui fut successivement tenté par les Ligueurs. Au reste, que ces mémoires soient réels ou supposés, comme ils développent exactement le plan de l'intrigue, nous en donnerons ici la substance.

<small>Henri III.
1576.</small>

On commençoit par l'éloge des Guises, qu'on disoit issus de Charlemagne, & on continuoit ainsi: " Depuis qu'au préjudice des descen-
„ dants de cet Empereur, les enfants
„ de Hugues Capet ont envahi le
„ Trône, la malédiction de Dieu a

<small>Plan de la Ligue.</small>

„ éclaté sur ces usurpateurs : les uns
„ ont été privés de sens, d'autres de
„ la liberté, ou ont été frappés des
„ foudres de l'Eglise. La plupart,
„ sans santé & sans force, sont morts
„ à la fleur de leur âge, ne laissant
„ point de successeur. Le Royaume,
„ sous ces regnes malheureux, est
„ devenu la proie des Hérétiques,
„ tels que les Albigeois & les pauvres
„ de Lyon. La derniere paix, si avan-
„ tageuse aux Calvinistes, va aussi
„ les établir solidement en France,
„ si on ne profite de cette occasion
„ même pour rendre le sceptre de
„ Charlemagne à sa postérité.

„ Les Catholiques unis, dans l'in-
„ tention de soutenir la foi, sont donc
„ convenus de ce qui suit : savoir,
„ qu'en chaire & au confessionnal,
„ ceux du Clergé s'éléveront contre
„ les privileges accordés aux sectai-
„ res, & exciteront le peuple à em-
„ pêcher qu'ils n'en jouissent. Si le
„ Roi marque de l'appréhension que
„ l'infraction de la paix en cet article
„ essentiel, ne le replonge dans de
„ nouveaux troubles, on l'engagera
„ à rejeter tout l'odieux de cette

,, affaire fur le Duc de Guife. Le ,, danger auquel ce Prince s'expofera ,, en fe dévouant ainfi à toute la haine ,, des Religionnaires, le rendra plus ,, cher aux Catholiques. Son audace ,, enhardira les timides à figner la li- ,, gue, & groffira le parti. Tous les ,, Confédérés jureront de le reconnoî- ,, tre pour chef: les Curés des villes ,, & des campagnes, tiendront un ,, rôle de ceux qui font en état de ,, porter les armes. Ils leur diront en ,, confeffion ce qu'ils auront à faire, ,, comme ils l'auront appris des fu- ,, périeurs eccléfiaftiques, qui rece- ,, vront eux-mêmes les inftructions du ,, Duc de Guife, & celui-ci enver- ,, ra fecrétement des Officiers, pour ,, former les nouveaux enrôlés.

,, Les Religionnaires ont demandé ,, eux-mêmes l'affemblée des Etats: ,, ils feront convoqués à Blois, ville ,, toute ouverte. Le chef du parti au- ,, ra attention de faire élire dans les ,, provinces des députés inviola le- ,, ment attachés à l'ancienne religion, ,, & au Souverain Pontife. En même ,, temps des Capitaines difperfés dans ,, le Royaume, léveront un certain

" nombre de soldats déterminés, qui
" promettront par serment de faire en
" temps & lieu ce qu'on leur comman-
" dera. Il faudra aussi engager par
" des insinuations douces, le Duc
" d'Anjou, le Roi de Navarre, le
" Prince de Condé, & tout ce qu'il
" y a de Seigneurs suspects, à se ren-
" dre aux Etats avec le Roi. Pour le
" Duc de Guise, il ne s'y trouvera
" pas, afin d'éloigner les soupçons,
" & aussi afin d'être plus en état de
" donner ses ordres, loin de la Cour
" qui l'éclaireroit.

" Si quelqu'un s'oppose aux réso-
" lutions qu'on prendra dans les Etats,
" en cas qu'il soit Prince du sang, il
" sera déclaré inhabile à succéder à
" la couronne : de toute autre qua-
" lité, il sera puni de mort, ou l'on
" mettra sa tête à prix, si on ne peut
" le saisir. Dans ces dispositions, les
" Etats feront une profession de foi
" publique, ordonneront la publica-
" tion du Concile de Trente, confir-
" meront les ordonnances faites pour
" la destruction de l'hérésie, & révo-
" queront tous les Edits contraires.
" Ainsi le Roi se trouvera dégagé des

,, paroles données aux Calvinistes. On
,, leur prescrira un temps pour se ré-
,, concilier avec l'Eglise. Comme pen-
,, dant cet intervalle, il faudra pren-
,, dre les armes pour réduire les plus
,, opiniâtres, les Etats représenteront
,, au Roi que, si on veut réussir, il ne
,, faut désormais qu'un seul homme à
,, la tête de l'entreprise, & ils de-
,, manderont le Duc de Guise, le seul
,, Général habile qui n'a jamais eu de
,, liaisons avec les Hérétiques.

,, Pour donner du poids à cette re-
,, quête, au jour dit les soldats levés
,, sourdement dans les provinces, pa-
,, roîtront autour de Blois, fortifiés
,, de quelques troupes étrangeres. On
,, enlévera Monsieur, & on lui fera
,, son procès comme à un criminel de
,, leze-majesté divine & humaine,
,, pour avoir extorqué du Roi son
,, frere, des conditions favorables aux
,, Hérétiques rebelles. Le Duc de Gui-
,, se, maître des armées, poursuivra
,, les révoltés, s'assurera des princi-
,, pales villes, mettra sous bonne gar-
,, de tous les complices de Monsieur,
,, dont il fera achever le procès ; &
,, enfin, de l'avis du Pape, comme

„ fit autrefois Pepin à l'égard de Chil-
„ deric, il renfermera le Roi dans un
„ monastere pour le reste de ses jours.„

Tel étoit le projet de l'Avocat David que nous abrégeons. Il fut regardé alors comme une chimere ; & en effet, qui auroit cru qu'on toucheroit un jour au moment de le voir réussir ? Le Pape Grégoire XIII, sans y prendre grande confiance, le toléra comme capable du moins de suspendre les progrès du Calvinisme en France. Philippe II, Roi d'Espagne, qui appréhendoit toujours que les François tranquilles chez eux, ne portassent du secours aux rebelles des Pays-bas, saisit avidement cette occasion de brouiller. Il promit d'aider la ligue d'hommes & d'argent, engagement auquel il ne fut que trop fidele pour la tranquillité du royaume.

Henri III savoit en grande partie ces desseins, quand il ouvrit les Etats au commencement de Décembre. Il y parut au milieu de sa Cour avec une majesté que ses foiblesses habituelles ne l'empêchoient pas de porter dans les actions d'éclat. Le Duc de Guise ne se trouva pas aux premieres séances ; elles étoient composées de députés presque tous attachés à la ligue, & disposés à se conduire par les secrettes impressions du chef, quoiqu'absent. Dès le commencement, il s'engagea une espece de combat, non tel qu'il auroit dû être de Monarque à Sujets, également intéressés à ne montrer de la contrariété dans les opinions, que pour mieux s'accorder sur le bien public ; mais comme entre ennemis captieux qui cherchent à se surprendre par des propositions insidieuses.

Les Etats demanderent que ce qui seroit décidé unanimement dans l'assemblée générale, eût force de loi, ou bien que pour la plus prompte expédition des affaires, le Roi nommât un certain nombre de juges, auxquels les Etats en joindroient autant, & que ce qui auroit été réglé par ce conseil souverain, devînt irrévocable. Henri éluda ces propositions qui tendoient toutes deux à introduire une puissance différente de la Royale. On demanda aussi la publication du Concile de Trente, la révocation des graces accordées aux Hérétiques, &

la guerre contr'eux. Toutes ces prétentions ne se développerent que successivement, tantôt insinuées avec douceur, tantôt accompagnées de menaces : mais le Roi, en garde contre les surprises, au défaut de la vigueur qu'il auroit dû montrer, avoit toujours des subterfuges prêts, & pallioit du moins le mal, s'il n'avoit pas assez de résolution pour l'empêcher.

Il hésita long-temps sur le parti qu'il prendroit au sujet de la Ligue. L'ignorer, c'étoit lui donner le moyen de se fortifier à l'ombre d'un silence que les mal-intentionnés prendroient pour impuissance. Frapper un coup contr'elle, la déclarer illicite & abusive, c'étoit risquer de se compromettre, parce qu'on trouveroit peut-être dans ses partisans plus de résistance qu'on ne pensoit. Enfin, lui laisser choisir un chef, autant auroit-il valu descendre tout d'un coup du trône & abdiquer la couronne.

Tout balancé, Henri, selon son caractere, ami du repos, se détermina au moyen qui le débarrassoit pour le moment : ce fut de se déclarer lui-même chef de la Ligue. On en dressa un formulaire, d'où étoient retranchées toutes les ambiguités dangereuses pour l'autorité Royale. Le Monarque le jura lui-même, le fit accepter aux Etats, & donna ordre qu'il fût signé à Paris, & par toute la France.

HENRI III.
1577.

Cet expédient qu'on a blâmé, en disant que le Roi Henri s'étoit rendu par-là simple chef de parti dans son royaume, déconcerta du moins pour quelque temps le Duc de Guise & ses adhérents. Ils accoururent à Blois; & ne pouvant plus embarrasser le Roi autrement, ils presserent la déclaration de guerre contre les Hérétiques. Henri répondit qu'auparavant il falloit s'assurer de l'intention des Princes & des Seigneurs absents; que peut-être étoient-ils disposés à entrer dans le sein de l'Eglise, & que leur rang méritoit bien une sommation. On ne put se refuser à ces raisons, & les Etats choisirent des députés qu'ils chargerent d'aller trouver le Roi de Navarre, le Prince de Condé & le Duc de Damville.

Députation aux mécontents.

Ils étoient cantonnés: Damville, à la tête des Politiques en Languedoc, le Roi de Navarre & le Prince de Con-

Leurs précautions contre les Etats.

dé, chefs des Calvinistes, dans la Guyenne, le Poitou, & les provinces adjacentes. Là ils prenoient leurs mesures contre l'orage qu'ils voyoient se former à Blois. A peine avoient-ils demandé l'assemblée des Etats, que, par les brigues mises en œuvre pour l'élection des députés, ils s'apperçurent que les décisions ne leur en seroient pas favorables. Ils résolurent donc de ne les pas reconnoître, & se mirent en état de n'y être point forcés.

Conduite particuliere du Roi de Navarre.

Quoiqu'il n'y eût pas long-temps que le Roi de Navarre fût initié dans les affaires, il étoit déja fort accrédité auprès des Calvinistes. Après sa fuite de la Cour, ce Prince renonça publiquement à la religion Catholique qu'il avoit été forcé d'embrasser à la Saint-Barthelemi. Les Réformés s'applaudirent de son retour. Il gagna leur confiance par des égards dont on lui sut gré, quoiqu'ils fussent nécessaires, & sur-tout par une noble franchise, & par une gaieté libre qui faisoit son caractere dominant. On l'aimoit ; on n'appréhendoit de sa part ni détours, ni vues intéressées. Il étoit avec les Religionnaires, assemblage de gens ombrageux & inquiets, ce qu'il faut être dans une République, careſſant, acceſſible, complaiſant, ne cherchant point à attirer à lui l'autorité, content quand les autres l'étoient, paroiſſant s'oublier lui-même : conduite qui le mit à l'abri des mortifications qu'éprouva le Prince de Condé, moins flexible, tirant plus à ſes avantages, & par-là donnant lieu à des ſoupçons qui faiſoient, pour ainſi dire, meſurer l'obéiſſance.

{Henri III. 1577.}

Tous deux étoient pleins de valeur, hardis & entreprenants. S'appercevant que les menées des Etats tendoient à la guerre, ils n'avoient pas héſité à s'emparer, quoiqu'en pleine paix, des places qui pouvoient couvrir leurs retraites. Damville en faiſoit autant de ſon côté. Ils armoient auſſi par mer & négocioient une contre-ligue avec la Suede, le Danemarck, l'Angleterre & les Proteſtants d'Allemagne, leur reſſource ordinaire.

Ces ſoins occupoient les Princes, quand la députation des Etats alla les trouver. Elle ne devoit pas s'attendre à un grand ſuccès, puiſque les mécon- {Sa réponſe à la députation.}

tents avoient déja protesté contre l'assemblée, comme contre une cabale composée de leurs ennemis. Leur réponse se ressentit plus ou moins de cette protestation que le Roi de Navarre adoucit, sans cependant se départir du fond. La peinture que l'Archevêque de Vienne, un des députés, lui fit des horreurs de la guerre, arracha des larmes à ce Prince tendre, quoique né pour les combats & le fracas des armes. Il dit qu'il connoissoit les douceurs de la paix, qu'il y étoit sensible ; mais qu'il ne l'acheteroit jamais aux dépens de son honneur & de sa conscience : *Rapportez à l'assemblée*, ajouta-t-il, *que j'ai toujours prié le Seigneur, & que je le prie encore du fond du cœur, de me faire connoître la vérité. Si je suis dans le bon chemin, que Dieu m'y soutienne, sinon, qu'il m'ouvre les yeux, & je suis prêt non-seulement à abjurer l'erreur sans aucun respect humain, mais encore à employer mes biens & ma vie, pour chasser l'hérésie du Royaume & de tout l'univers, s'il est possible.* Cette espece d'engagement parut trop fort aux ministres Calvinistes ; ils auroient voulu le faire effacer de la lettre que le Roi de Navarre écrivoit aux Etats : mais Bourbon, dont l'ame étoit droite & franche, ne craignit point de rendre publiques ses dispositions.

Ce fut tout ce que la députation tira du Roi de Navarre. Elle obtint encore moins de Damville & du Prince de Condé, qui, aux instances des députés, répondirent constamment : *Nous ne demandons que la paix ; qu'on nous tienne les paroles données & tout sera tranquille. Au reste, nous ne reconnoissons point vos Etats, & nous protestons contre toutes les résolutions qui s'y prendront à notre préjudice.*

Il ne tint pas aux Catholiques zélés qu'il ne s'y en prît de vigoureuses ; mais le Roi les arrêta d'un mot. Je consens à la guerre, dit-il ; mais pour la faire, il me faut de l'argent. Cette considération glaça les plus échauffés, sur-tout entre ceux du tiers-Etat, qui sentirent bien que c'étoit sur eux que tomberoit le fardeau des impôts. Ils revinrent à dire qu'à la vérité il seroit à propos d'empêcher les Hérétiques de professer leur religion ; mais pourvu que cela pût se faire, sans prendre les armes. Ainsi le temps se consuma en propositions & en débats, qui ne formerent point de conclusions fixes. Il paroît que la Ligue, après avoir essayé ses forces, ne se trouva pas encore en état de frapper son coup. Elle ne fut pas assez entreprenante, pour forcer le Roi à la guerre ; mais aussi le Roi ne fut pas assez absolu, pour dissiper l'orage qui s'annonçoit & pour prononcer la paix. Il sépara les Etats, sans faire connoître clairement quel parti il prendroit.

Partage à ce sujet dans le Conseil du Roi.
Brantôme, t. VIII, p. 295.

Son Conseil étoit partagé. En général on trouvoit trop douce la loi sous laquelle vivoient les Hérétiques, libres d'exercer leur Religion, & en cas de besoin, de la défendre par les armes. Mais les uns pensoient que cette tolérance valoit encore mieux que la guerre ; les autres, que la guerre étoit préférable. Entre ces derniers, Gonzague, Duc de Nevers, offroit avec une sorte d'enthousiasme, tous ses biens pour réduire les Hérétiques. C'étoit en effet un vrai Catholique, qui, bien éloigné des complots de la Ligue, n'envisageoit que l'avantage de la Religion. Il avoit aussi d'autres qualités essentielles. C'est de lui que les Calvinistes disoient : *Il nous faut craindre M. de Nevers avec ses pas de plomb & son compas à la main.*

Le Duc de Montpensier, Prince du Sang, & Catholique zélé jusqu'à la cruauté, opinoit pour la paix. Il faisoit espérer que le Roi de Navarre, avec lequel il s'étoit abouché, se prêteroit à des expédients qui mettroient les Calvinistes en sureté, sans trop aigrir les Catholiques.

On suivit cette ouverture indiquée par le Duc de Montpensier. Henri III détacha au Roi de Navarre, Biron & Villeroi, chargés de promesses, & avec eux Catherine de Navarre, sœur du Prince, qu'on flatta du mariage du Duc d'Anjou, si elle réussissoit à gagner son frere. D'autres agents furent aussi dépêchés à Damville. On savoit qu'il n'étoit pas content des Réformés, & la Cour espéroit réussir sans grands efforts à le séparer d'eux. Pour appuyer la négociation, le Roi mit en campagne deux armées. L'une fut donnée au Duc d'Anjou, l'autre au

Duc de Mayenne, estimé moins dangereux que le Duc de Guise, son frere aîné, qui auroit pu se prévaloir d'un commandement, pour mettre en mouvement les forces de la Ligue éparses, & pour ainsi dire assoupies.

Damville se laisse gagner.
De Thou, liv. LXIV.
Davila, liv. VI.
Mém. de Villeroi, p. 17.

Damville, avec ses politiques, se rendit le premier aux offres de la Cour, & non-seulement il abandonna ses alliés, mais il se tourna contr'eux : il sentit qu'il valoit mieux dépendre de son Roi, que d'une multitude incapable d'égards, qui lui avoit souvent fait acheter bien cher ses services. Le Roi de Navarre ne se montra pas si facile : les armes employées contre son parti ne l'épouvanterent pas, malgré leurs succès : il savoit que le Duc d'Anjou n'agiroit pas avec toute l'activité que desiroient les Catholiques, parce que les anciennes discussions avec le Roi son frere, pouvant renaître, il avoit intérêt de ne point écraser les Calvinistes.

Les autres chefs cedent.

Biron & Villeroi, chargés du traité, firent bien des voyages avant que de pouvoir réunir les intéressés dans un même sentiment. Enfin ils réussirent, & de cette négociation sortit le fameux

fameux Edit de pacification donné à Poitiers dans le mois de Septembre, accompagné d'articles secrets, accordés le même mois avec le Roi de Navarre, dans la ville de Bergerac en Périgord. Ces deux pieces, l'Edit composé de soixante-quatre articles; les articles secrets, au nombre de quarante-huit, sont comme un code de réglements, dans lequel Henri III prend le ton de législateur absolu, & de dispensateur des graces ; mais à travers les efforts employés pour sauver l'honneur du Trône, on voit la contrainte du Monarque, forcé de plier sous la nécessité des circonstances.

{Henri III. 1577.}

Les termes de l'Edit sont ménagés de maniere que la Religion Romaine paroît toujours la dominante ; mais de sorte aussi que la prétendue réformée ne perd aucun avantage solide pour n'être qu'en second. On lui assure l'exercice public, avec une liberté plus étendue, mieux spécifiée & moins assujettie à la gêne des anciennes restrictions. Le Roi rétablit ses sectateurs dans tous les privileges de citoyens, dans le droit aux char-

{Edit de Poitiers & article de Bergerac.}

ges, aux magistratures & autres dignités : il approuve la prise d'armes & tout ce qu'ils ont fait, comme très-utile à l'Etat ; il leur accorde des juges établis exprès pour eux dans chaque Parlement, neuf places de sûreté & des troupes, à condition qu'ils paieront les dîmes, rendront les biens d'Eglises usurpés, chommeront les fêtes extérieurement, & ne choqueront en rien les Catholiques dans leur culte.

Il est à remarquer que Henri appelle le massacre de la Saint-Barthelemi, *les désordres & excès du vingt-quatre Août & jours suivants, avenus à notre très-grand regret & déplaisir* ; & qu'en défendant aux Calvinistes *toutes pratiques, ligues & intelligences hors du Royaume*, il en prend occasion de tomber directement sur la ligue des Catholiques, par ces mots : *Et seront toutes ligues, associations & confrairies, faites & à faire, sous quelque prétexte que ce soit, au préjudice de notre présent Edit, cassées & annullées, comme nous les cassons & annullons, défendant expressément à tous nos sujets de faire dorénavant*

HENRI III
1577.

Edit. art.
43, & 56.

Livre cinquieme.

aucunes cottisations & levées de deniers, fortifications, enrôlements d'hommes, congrégations & assemblées, sous peine d'être punis rigoureusement comme contempteurs & infracteurs de nos ordonnances.

HENRI III.
1577.

Enfin, à la grande satisfaction des Ministres, il y eut dans les articles secrets un réglement fixe & clair sur les mariages contractés par les Prêtres, Religieux & Religieuses, au mépris de leurs vœux. Le Roi ordonna qu'ils ne seroient recherchés, ni molestés, mais qu'ils ne pourroient réclamer aucune succession directe, ni collatérale, & que leurs enfants ne succéderoient qu'aux meubles & aux acquêts immeubles de leurs peres & meres. Voilà ce que Henri III appelloit ordinairement avec complaisance, *mon Edit.*

Art. 8 de Bergerac.

Pour en sentir la nécessité, il faut se représenter l'état du Royaume dans ce moment. Il étoit dénué d'argent, au point qu'on fut obligé de donner à Casimir des pierreries de la couronne, en gage des sommes qui lui étoient dues. Ce Général non payé, menaçoit de revenir sur ses pas, & de

Nécessité de cet Edit pour le Roi.

se rejoindre aux Calvinistes qui le rappelloient. Le Roi ne pouvoit leur opposer que des troupes suspectes, la plupart infectées du venin de la ligue. Une plus longue guerre l'auroit forcé d'en ramasser davantage, & de réunir & multiplier ainsi ses ennemis.

<small>Pour le Royaume.</small>

Il n'y avoit aucune subordination dans le Royaume. La certitude d'obtenir le pardon des crimes les plus atroces, en passant d'un parti dans l'autre, ouvroit la porte à tous les désordres : on alloit jusqu'à tourner la justice en dérision, ou à faire servir de bonne foi son appareil redoutable à la vengeance des injures particulieres. Ainsi se conduisit un nommé Baleins, Commandant pour le Roi de Navarre dans le château de Leitour.

<small>Cruauté de Baleins. Vie de de Thou, t. II. p. 55.</small>

Cet homme avoit une sœur qui, trop tendre pour un des Officiers de la garnison, ne se tint pas avec lui dans les bornes de la sagesse : elle comptoit l'épouser ; mais il se retira dans la ville, & se maria à une autre. A cette nouvelle, la sœur désolée éclate en plaintes, & demande justice à son frere. Baleins lui impose silence, & continue de bien vivre avec l'Officier qui avoit été son ami. Un jour il l'invite à dîner dans son château ; la compagnie étoit nombreuse, & le repas se passa gaiement, sans rien annoncer de sinistre : comme les conviés se retiroient, le Gouverneur retient sous quelque prétexte le galant de sa sœur, le tire à part & le fait charger de chaînes : aussi-tôt paroissent un greffier, des témoins, & la Demoiselle prête à déposer contre son infidele. Baleins se met dans un fauteuil comme juge, & interroge le malheureux. En vain objecte-t-il que la sœur l'a prévenu, & qu'il ne lui a jamais fait aucune promesse : l'impitoyable Baleins le condamne à mort, fait écrire sa sentence, & le poignarde lui-même sur le champ. Il en fut quitte pour demander sa grace au Roi de Navarre, qui l'accorda, dans la crainte que Baleins ne l'achetât du parti contraire en livrant son château.

Ce qui arrivoit dans un parti, à quelques circonstances près, se reproduisoit dans l'autre : même esprit d'indépendance & même férocité. Aux

Sixieme paix ; les armées se séparent.
Amirault, p. 230.

excès particuliers se joignoient les maux de toute espece, inséparables de la marche des armées ; il y en avoit plusieurs sur pied : quoiqu'elles ne fissent pas de grands exploits, elles versoient toujours du sang. La Noue eut le bonheur d'en sauver deux, prêtes à se détruire. Chargé d'aller porter en Languedoc la nouvelle de la paix, il trouva Damville pour le Roi, & Chatillon, fils de l'Amiral, pour les Religionnaires, en présence, sous les murs de Montpellier. Les ordres étoient donnés ; déja les enfants perdus marchoient. Au risque d'être percé de coups, la Noue se jette entre les deux armées, crie, fait signe de la main, & déploie le traité à la vue des soldats : on s'arrête, les chefs s'approchent, acquiescent aux conditions, & se retirent.

L'Edit de Poitiers, bien exécuté, auroit pu de même désarmer tout le Royaume ; mais on n'avoit pour le Roi ni estime, ni confiance. Le ridicule qu'il se donnoit en se livrant à des divertissements indécents, pendant qu'il auroit dû s'occuper sérieusement de ses affaires, le rendoit un objet de mépris. Il couroit publiquement la bague, vétu en amazone, portant des pendants d'oreilles, *faisoit joûtes, balets & tournois, & force mascarades*, où il se trouvoit ordinairement habillé en femme, ouvroit son pourpoint & découvroit sa gorge, y portant un collier de perles & trois collets de toile, deux à fraise & un renversé, ainsi que lors le portoient les Dames de la Cour. Il est vrai que cela se passoit pendant le carnaval, temps qui semble permettre quelques écarts.

Mais ce ne fut pas dans ces jours de licence que le Roi donna un festin public, *auquel les Dames, vestues de vert, en habits d'hommes, firent le service*; & qu'en revanche la Reine mere en donna un autre, *auquel les plus belles & honnêtes de la Cour, estant à moitié nues, & ayant leurs cheveux espars, comme espousées, furent employées à faire le service.* En retranchant de ces récits ce que la mauvaise volonté y a mis d'exagération, il reste toujours constant qu'il se passoit à la Cour des choses indécentes. Les dépenses qui se faisoient à ces fêtes étoient énormes : les peu-

HENRI III.
1577.

ples murmuroient de pareilles profusions dans un temps de malheur & de disette, & ils en devenoient plus portés à s'attacher à la ligue, dont les chefs ne négligeoient pas ces occasions d'aliéner du Roi le cœur des Catholiques. D'un autre côté, les prétendus Réformés, craignant toujours que l'Edit ne fût point exécuté, ne paroissoient que foiblement disposés à se rapprocher. Enfin, comme si le Roi eût appréhendé de manquer d'embarras, il entretenoit lui-même la division dans sa Cour & dans sa propre famille.

1578.
Foible de Henri III. pour les mignons.
De Thou, liv. LXVI.
Davila, liv. VI.
Le Labour. t. II, p. 51.
Mém. de Marguerite.
Journal de Henri III.

Henri III, dit le Laboureur, *se plaisoit à avoir plusieurs favoris ensemble : il les aimoit vaillants, pourvu qu'ils fussent téméraires; spirituels, pourvu qu'ils fussent vicieux : enfin il ne leur refusoit rien, pourvu qu'ils fussent magnifiques & dépensiers, & pourvu qu'il pût faire un signalé dépit à ceux qui prétendoient qu'il dût quelque chose à leur naissance & à leur mérite.* Il ne faut pas demander si des jeunes gens sûrs de la faveur du maître, exécutoient à la lettre ses intentions si assorties à leur goût.

Livre cinquieme. 201

Mais ils trouvoient aussi quelquefois des rivaux aussi fiers qu'eux, qui ne souffroient pas leur morgue impunément, & qui même les prévenoient. Un jour que le Roi, *désespérément brave, frisé & gauderonné, assistoit à une cérémonie, suivi de ses jeunes mignons, autant ou plus braves que lui*, Bussy d'Amboise, le mignon de Monsieur, frere du Roi, s'y trouva à la suite de M. le Duc son maître, *habillé tout simplement & modestement; mais suivi de six pages vêtus de drap d'or frisé, disant tout haut que la saison étoit venue que les bellîtres seroient les plus braves.* Le Roi fut très-piqué de ce mot insolent, & le Duc d'Anjou ne put refuser à son frere d'éloigner Bussy pour un temps.

Monsieur étoit alors dans le cas de ménager tout le monde. Les Flamands, après s'être contentés de réclamer d'abord les armes à la main, leurs privileges contre la tyrannie de Philippe Roi d'Espagne, étoient pour lors déterminés à abjurer entierement son empire. Ils hésitoient entre deux partis, ou de se mettre simplement sous la protection d'une puissance voisine,

Henri III.
1578.

Projet du Duc d'Anjou sur la Flandre.

I 5

HENRI III.
1578.

capable de les défendre, ou de se donner un nouveau Souverain. Le premier leur plaisoit davantage ; mais ils appréhendoient, avec raison, que le titre de protecteur ne fût pas, dans le Prince qu'ils choisiroient, un motif capable de l'engager à faire les dépenses nécessaires pour résister à l'Espagne, qui rassembloit contr'eux toutes ses forces. Rarement la compassion des Princes est désintéressée. Les Flamands ne l'avoient que trop éprouvé par l'insuffisance des secours, tirés tantôt de France, tantôt d'Angleterre ; secours moins accordés au désir de les soulager, qu'à l'envie d'embarrasser l'Espagnol.

L'Amiral de Chatillon, quand il fut tué à la Saint-Barthelemi, formoit le projet de rendre cette guerre plus onéreuse à Philippe, en lui opposant dans la Flandre les Calvinistes de France réunis. Cette entreprise, en occupant les François, auroit pu les préserver des guerres civiles qui déchirerent le Royaume ; mais Philippe fut assez adroit dans le temps, pour fomenter les troubles qui amenerent la Saint-Barthelemi.

Livre cinquieme.

C'est aussi dans la même vue que ce Monarque appuya les tentatives de la Ligue, & les intrigues sourdes qui firent échouer le Duc d'Anjou, héritier des projets, mais non de la capacité de l'Amiral.

Ce jeune Prince avoit alors les plus belles espérances : tout sembloit s'arranger selon ses vœux. Elisabeth, reine d'Angleterre, favorisoit ses desseins, & vouloit bien paroître y prendre un intérêt personnel, en laissant prendre au Duc l'espérance de l'épouser, ruse ordinaire de cette Princesse. Les Calvinistes de France, les mécontents & toute la jeune noblesse, accoutumée aux armes, promettoient de se ranger sous ses étendards, si-tôt qu'il paroîtroit en campagne. Plusieurs même l'avoient déja prévenu sous la conduite de la Noue. Beaucoup de Seigneurs Flamands, & les principales villes s'étoient engagé secrétement à le recevoir, & ne refusoient point de le proclamer Souverain du pays, quand il se montreroit assez puissant pour en soutenir le titre.

Henri III ne pouvoit que gagner à cette entreprise. Il y trouvoit l'oc-

HENRI III.
1578.

Mal secondé par le Roi.

casion d'occuper Philippe II, voisin incommode, dont les sourdes pratiques avoient souvent troublé son repos. Il se débarrassoit avec honneur d'un frere turbulent ; il procuroit à la France une augmentation de puissance, & diminuoit d'autant celle d'Espagne. Enfin, ce qui auroit dû le déterminer ; il étouffoit, pour ainsi dire, dans son Royaume le germe de la rébellion, en employant ailleurs ceux qui avoient coutume de la soutenir. Il n'y avoit donc pour lui que des avantages ; cependant ce fut de son côté que le projet manqua toujours. Pour cette fois il n'y eut que quelques retards occasionnés par une bourasque de cour.

On l'attribue ordinairement à la jalousie que le Roi conçut de la gloire dont son frere alloit se couvrir. Mais sans rejetter cette cause, il paroît que ce fut encore plutôt une suite de l'antipathie des favoris. Le Duc d'Anjou ne se plaisoit pas dans les parties de plaisirs du Roi, où il se voyoit toujours entouré de mignons qui enlevoient toutes les distinctions & les faveurs. Il s'en dispensoit autant que

Insolence des mignons à l'égard de Monsieur. Mém. de Marguerite.

la bienséance & ses intérêts pouvoient le permettre, ou s'il étoit forcé d'y assister, il ne pouvoit gagner sur lui de n'y point porter un air ennuyé & dédaigneux, choquant pour ces jeunes gens, & par contre-coup pour le Roi, qui regardoit ces manieres comme une censure indirecte de son goût.

Henri III.
1578.

Dans ce temps se firent les noces de Saint-Luc, un des principaux favoris; noces remarquables par des profusions scandaleuses, & des dépenses énormes. Le Duc d'Anjou ne voulut point assister à la cérémonie; cependant, par complaisance pour la Reine mere, il se présenta le soir au bal; & eut tout lieu de s'en repentir. Comme on étoit piqué de ce qu'il avoit paru mépriser les amusements du jour, on l'insulta. Chacun le montroit au doigt; on le regardoit en ricanant: on parloit de lui à l'oreille, assez haut cependant pour qu'il entendît que sa taille, son air, sa démarche étoient la matiere des plaisanteries. Le Duc d'Anjou n'osa rien dire dans le moment, crainte de se brouiller avec son frere, dont il avoit besoin, & sortit le cœur serré de dé-

Mém. de Henri III.

pit. Il alla répandre son chagrin dans le sein de sa mere, & de concert avec elle, il résolut de s'absenter quelques jours pour se calmer. Elle se flatta de le faire agréer au Roi, qui y consentit sur le champ.

Le Roi les appuie & se brouille avec le Duc.

Mais retiré avec son conseil de jeunes gens, ils lui remplirent l'esprit de terreurs, & lui persuaderent que le Duc ne quittoit la Cour que pour se joindre auprès des mécontents, & recommencer la guerre. Plein de cette idée, le Roi court chez sa mere, quoique la nuit fût déja avancée. *Comment*, lui dit-il, *Madame ! Que pensez-vous m'avoir demandé de laisser aller mon frere ? Ne voyez-vous pas, s'il s'en va, le danger où vous mettez mon Etat ?*

De Thou, liv. LXVII.
Davila, livre VI.

Sans doute il y a là-dessous quelque dangereuse entreprise ; je m'en vais me saisir de tous ses gens, & ferai chercher dans ses coffres. Je m'assure que nous découvrirons de grandes choses. En vain la Reine prie son fils de ne rien précipiter ; il ne l'écoute pas. Tout ce qu'elle peut faire, c'est d'obtenir qu'elle l'accompagnera, dans la crainte qu'il ne se passe quelque scene fâcheuse entre les deux freres.

Le Roi entre donc brusquement chez Monsieur; lui ordonne de se lever commence à lui faire des reproches, avant que de savoir s'il est coupable; commande d'emporter les coffres, & fouille lui-même le lit, pour voir s'il n'y trouvera pas des papiers. Le Duc d'Anjou dans sa premiere surprise veut cacher une lettre, le Roi s'efforce de la prendre. Le Duc supplie son frere à mains jointe de ne la pas voir. Plus Monsieur résiste, plus le Roi s'obstine. Monsieur la montre enfin; c'étoit un billet de sa maîtresse. Henri reste confus, mais il n'en ordonne pas moins les arrêts à son frere, & on mene à la Bastille Buffi, avec quelques courtisans du Duc d'Anjou, qu'on trouva dans le Louvre.

Henri III. 1578.

On avoit agi; on réfléchit le lendemain. Il y eut un grand Conseil. Les Ministres instruits par la Reine mere, représenterent au Roi la conséquence d'une pareille action. Il ouvrit les yeux, & trouva bon que le Conseil lui demandât de recevoir son frere dans ses bonnes graces. Cela fut accordé à condition que Buffi se raccommoderoit avec Caylus. On leva les

Les deux freres se réconcilient.

gardes. Le Duc d'Anjou parut devant le Roi qu'il assura de sa fidélité, le priant de ne plus concevoir désormais de soupçons contre lui. Henri le promit.

Et les favoris aussi. Mém. de Marg.

Bussi parut à son tour. Le Roi lui commanda d'oublier toute querelle & d'embrasser Caylus. *Bussi lui répondit : Sire, s'il vous plaît que je le baise, j'y suis tout disposé ; & accommodant les gestes avec la parole, lui fit une embrassade à la pantalone : de quoi toute la compagnie, quoi qu'encore étonnée & saisie de ce qui s'étoit passé, ne se put empêcher de rire.* C'est ainsi que Henri III savoit se faire garder le respect.

Le Duc d'Anjou quitte la Cour.

On rapporte ces particularités, tant parce qu'elles peignent les mœurs du temps, que parce qu'elles donnent la clef d'événements plus considérables. Ces tracasseries aboutirent à faire prendre au Duc d'Anjou, le parti de quitter réellement la Cour. Il se sauva à Alençon, d'où il écrivit au Roi, qu'il ne s'étoit retiré que pour vaquer plus aisément aux préparatifs de son entreprise de Flandre; que d'ailleurs il ne feroit rien qui pût déplaire à sa majesté, & il tint parole.

La Reine mere souffroit comme les autres de la *désordonnée outre-cuidance* des mignons; mais elle regardoit l'amitié excessive de son fils pour eux, comme une fantaisie qui passeroit; persuadée d'ailleurs que leur insolence même la vengeroit un jour. Elle ne tarda pas à en avoir satisfaction.

On ignore le motif de la querelle qui s'éleva entre Caylus favori du Roi, & Antraguet attaché aux Guises. La Reine Marguerite est soupçonnée d'y être entrée pour quelque chose. Ils se battirent chacun avec deux seconds: Maugiron, autre mignon du Roi, & Livarot du côté de Caylus, Schomberg & Riberac du côté d'Antraguet.

Antraguet échappa seul sain & sauf. Maugiron & Schomberg resterent sur la place. Riberac mourut le lendemain, Livarot guérit, par la suite, d'une grande blessure, & Caylus percé de dix-neuf coups, languit trente-trois jours ; objet infortuné de la tendresse impuissante du Roi, qui ne quittoit pas le chevet de son lit. *Il avoit promis aux chirurgiens qui le pansoient,*

{Henri III. 1578. Querelles des mignons. *Journal de Henri III.*}

{Mort de Caylus & Maugiron. Chagrin du Roi.}

cent mille francs, en cas qu'il revînt en convalescence, & à ce beau mignon cent mille écus, pour lui faire avoir bon courage de guérir. Nonobstant lesquelles promesses il passa de ce monde à l'autre. Henri n'aimoit pas moins Maugiron, car il les baisa tous deux morts, fit tondre leurs têtes & emporter & serrer leurs blonds cheveux : ôta à Caylus les pendants de ses oreilles, que lui-même auparavant lui avoit donnés & attachés de sa propre main. Il soulagea sa douleur, en leur faisant faire dans l'Eglise de S. Paul, des obseques d'une magnificence royale, & en faisant élever des statues sur leurs tombeaux.

Auprès d'eux fut bientôt après enfermé dans la tombe, Caussade de S. Mégrin, aussi favori du Roi, que le sort des autres ne rendit pas plus sage. Il s'attaqua aux Guises mêmes. Il affectoit de les mépriser. Un jour dans la chambre du Roi, devant des Seigneurs, qui étoient présents, il tira son epée, & bravant de paroles, il en trancha son gand, par le mitan, disant qu'ainsi il tailleroit ces petits Princes. Une pareille imprudence étoit seule capable de le perdre ; mais on donne à son malheur une cause encore plus vraisemblable.

Quoiqu'attaché au Roi & par état ennemi du Duc de Guise, S. Mégrin aimoit la Duchesse, & on dit qu'il en étoit aimé. L'auteur de cette anecdote nous représente l'époux indifférent sur l'infidélité réelle ou prétendue de sa femme. Il résista aux instances que ses parents lui faisoient de se venger, & ne punit l'indiscrétion ou le crime de la Duchesse, que par une plaisanterie. Il entra un jour de grand matin dans sa chambre, tenant une potion d'une main & un poignard de l'autre. Après un réveil brusque, suivi de quelques reproches : *Déterminez-vous Madame*, lui dit-il d'un ton de fureur, *à mourir par le poignard, ou par le poison*. En vain demande-t-elle grace, il la force de choisir : elle avale le breuvage & se met à genoux, se recommandant à Dieu & n'attendant plus que la mort. Une heure se passe dans ces alarmes. Le Duc alors rentre avec un visage serein, & lui apprend que ce qu'elle a pris pour poison est un excellent consommé.

Henri III.
1578.

Varillas, hist. de Henri III, livre XII.

Sans doute cette leçon la rendit plus circonspecte pour la suite.

On trouve ce fait raconté d'une autre maniere par le fils d'un des acteurs, qui le tenoit de son pere. Nous le rapporterons dans ses termes (*) : " Le Cardinal de Guise &
„ le Duc de Mayenne, voyant le
„ bruit de l'intrigue de la Duchesse
„ de Guise avec S. Mégrin si public,
„ crurent que le Duc leur frere ne
„ devoit pas être le seul à l'ignorer.
„ Comme il n'avoit pas d'ami plus in-
„ time que Bassompiere, ils le charge-
„ rent de l'en instruire. Bassompiere
„ connoissoit le génie & le caractere
„ du Duc; aussi n'accepta-t-il la com-
„ mission qu'avec peine & malgré lui.
„ Il demanda même qu'on lui donnât
„ trois jours, pour penser aux moyens
„ d'insinuer au Duc une nouvelle si
„ désagréable. Il l'aborda enfin, d'un
„ air triste & rêveur, & le Duc lui
„ ayant demandé ce qui le rendoit

_____

(a) Anecdote racontée par le fils Bassompiere à l'Archevêque de Rheims, Charles Maurice le Tellier, qui l'a écrite de sa main à la marge du Manuscrit de de Thou, appartenant à Rigault. *Voy. le Tome IV de la belle édition Latine de de Thou, pag. 33, ou le Tome VIII, pag. 716 de la traduction françoise, Edition de 1734, in-4°.*

„ ſi chagrin : *Il y a quelques jours,* lui répondit Baſſompiere, *qu'une perſonne m'a conſulté ſur la maniere dont elle devoit s'y prendre, pour inſtruire un ami du dérangement de ſa femme, qui le deshonore, ſans que de ſa part il ait aucun ſoupçon de ſes galanteries. La queſtion m'a paru ſi embarraſſante, que juſqu'ici je n'ai pu encore y répondre. Voilà quelle eſt la cauſe de ce chagrin, que je n'ai pu vous cacher. Inquiet ſur la réponſe que je dois faire, je rêve inutilement, pour la trouver; mais puiſque l'occaſion s'offre ſi naturellement de vous en parler, je ſerois bien aiſe de ſavoir de vous-même quel conſeil je dois donner à mon ami, ſur une queſtion ſi délicate.*

„ A ce diſcours le Duc de Guiſe
„ comprit parfaitement de quoi il s'a-
„ giſſoit. Cependant il ne parut point
„ embarraſſé. „ *Quel que ſoit celui dont vous me parlez,* dit-il à Baſſompiere, *ſi c'eſt un ami, ou même s'il veut le paroître, qu'il ſe charge lui-même de venger l'affront fait à ſon ami : mais d'apprendre en pareil cas à un ami ce qu'il ignore, c'eſt à mon avis prendre une peine inutile, & joindre même un*

HENRI III.
1578.

nouvel outrage au premier. Pour moi, continua le Duc, Dieu m'a donné une épouse aussi sage qu'on peut la souhaiter, & graces au Ciel, je n'ai pas lieu de me défier de sa vertu. Si cependant elle avoit jamais le malheur de se déranger, & qu'un homme fût assez hardi pour me le dire, vous voyez ce fer, ajouta-t-il en mettant la main sur la garde de son épée, la vie de cet imprudent ami me répondroit sur le champ de sa folle témérité. Bassompiere remercia le Duc de son avis & alla rendre compte au Duc de Mayenne & au Cardinal, qui prirent le parti d'agir eux-mêmes.

Ils dressèrent une embuscade à la porte du louvre. Comme S. Mégrin en sortoit la nuit, des assassins apostés se jetterent sur lui & l'étendirent sur le pavé, percé de trente-cinq coups. Il vécut cependant jusqu'au lendemain. Le Roi fit pour lui les mêmes excès que pour Maugiron & Caylus. Il fut enterré comme eux dans l'Eglise de S. Paul, avec la même magnificence & une statue de marbre sur son tombeau: *de sorte que quand on en vouloit à un favori, le proverbe* étoit : *Je le ferai tailler en marbre, comme les autres.* (*)

Plus Henri III par ces honneurs funebres, montroit d'attachement à ses favoris, plus il enhardissoit à choquer sa puissance, puisqu'avec tant de sensibilité, il ne les vengeoit pas. Loin de sévir par les voies de la justice contre de pareils crimes, à l'exemple de ses sujets dont il auroit dû réprimer la licence, le Monarque se servoit quelquefois de l'assassinat, pour se défaire de ceux qui lui déplaisoient. Le fameux Bussi d'Amboise, favori de son frere, avoit long-temps bravé le Roi ; il eut enfin le sort de ces arrogants, qui croyant pouvoir impunément insulter les autres, font trophée de leur insolence & périssent immolés par la main qu'ils méprisoient.

Bussi étoit amoureux de la Dame de Montsoreau. Henri III trouva moyen d'avoir des lettres du galant

Henri III.
1579.
Mort de Bussi
De Thou, l. LXXVIII.
Davila, livre VII.
Fortune de la Cour, p. 540.
Journal de Henri III.

___

(*b*) Le Roi de Navarre croyoit que le Duc de Guise lui-même avoit trempé dans cet assassinat. Quand il en reçut la nouvelle, il dit : *Je sais bon gré au Duc de Guise mon cousin, de n'avoir pu souffrir qu'un Mignon de couchette, comme S. Mégrin, le fît C... C'est ainsi qu'il faudroit acoustrer tous les autres petits galants de Cour, qui se mêlent d'approcher les Princesses, pour leur faire l'amour.* Journal de Henri III.

& les montra à l'époux. Elles certifioient la vérité de l'intrigue, & étoient en termes moqueurs & insultants pour le mari. Montsoreau plein de ressentiment, entraîne sa femme dans un château écarté, & la contraint d'y donner un rendez-vous à Bussi. Celui-ci vient avec sa confiance ordinaire ; mais au lieu de la bonne fortune qu'il espéroit, il se voit investi d'assassins. Il se défendit long-temps ; mais enfin il succomba sous le nombre, & fut tué.

Retour du Duc d'Anjou à la Cour.

Personne ne le regretta, pas même le Duc d'Anjou, son maître, qui commençoit à se lasser de ses manieres hautaines. (*) D'ailleurs le Duc étoit en bonne intelligence avec le Roi. Des favoris qui lui faisoient ombrage, les uns ayant été tués, les autres étant rendus plus circonspects, il fut aisé de réunir les deux freres. Le Duc ne se rendit pas difficile sur les conditions de son retour ; il se confia au Roi ; & le Monarque ravi de cette franchise, se porta autant que son

---

(c) *Ayant consenti, selon le bruit commun, à la partie qu'on lui dressa pour s'en défaire, en quoi se vérifie un méchant proverbe ancien, parlant des Princes, qui dit : Très-heureux est qui ne les connoît, malheureux qui les sert, & pire qui les offense. Journal de Henri III.*

indolence

Livre cinquieme.

indolence naturelle pouvoit le permettre, à seconder les projets de son frere sur la Flandre.

Cette réunion fut l'ouvrage de la Reine mere, qui voyageoit depuis six mois, & travailloit à rétablir la paix dans le Royaume. Le motif apparent de ses courses, fut de remener Marguerite, sa fille, au Roi de Navarre son mari, dont elle étoit redemandée. A cette occasion Catherine dirigea sa marche vers les provinces où sa présence étoit le plus nécessaire; la Guyenne, le Languedoc, le Dauphiné & ses frontieres. Tous ces pays étoient désolés par une affreuse anarchie. Selon leurs intérêts, les gouverneurs recevoient ou méconnoissoient les ordres de la cour. Ils étoient à leur tour payés de la même indépendance par les commandants particuliers des villes. Ceux-ci avoient de fréquents démêlés avec les bourgeois. Sous le moindre prétexte on prenoit les armes: rien de si commun que le pillage des recettes, & la fraude des mauvais comptables, soutenue par la coupable connivence des chefs, qui partageoient le profit du vol.

HENRI III.
1579.

La Reine travaille à rétablir la paix.

Tome II.   K

Au moindre reproche le Calviniste menaçoit de se livrer au Roi ; le Royaliste, de passer chez les mécontents. Le Maréchal de Bellegarde, ancien favori du Roi, mais favori négligé, ne voyant plus de fortune à faire à la cour, s'étoit cantonné dans le Marquisat de Saluces, son gouvernement, presque tout environné des Etats de Savoie. Il s'y conduisoit en souverain, & s'appuyoit de la protection du Duc qui avoit aussi ses vues : c'étoit de s'approprier quelques parties du Marquisat à titre de récompense de ses secours, donnés soit au Maréchal, soit au Roi, selon que les circonstances l'exigeroient. Ainsi le François comme l'Etranger démembroient déja le Royaume en espérance.

Traité de Nérac. Art. 2, 3, 8 & 22. La Reine appliqua à ces maux plus de palliatifs que de vrais remedes : elle tourna son attention sur la maniere de faire exécuter l'Edit de Poitiers. Ce fut le principal objet des conférences tenues à Nérac, capitale du Duché d'Albret, résidence du Roi de Navarre. Les articles dont on convint, ne sont la plupart que des explications plus étendues de ceux de

Poitiers & de Bergerac : on y ajouta le droit aux prétendus Réformés, de se bâtir des temples, de lever des deniers pour l'entretien de leurs ministres, & quatorze places de sureté au lieu de neuf.

> Henri III.
> 1579.

Au moyen de tant d'avantages accordés aux mécontents, le Roi se flattoit d'avoir la paix. Il ignoroit qu'avant même le traité on avoit pris des mesures pour le rompre, s'il déplaisoit. Le Roi de Navarre, toujours en garde contre les pieges de la Reine mere, en même temps qu'il écoutoit les propositions de paix, se mit en état de n'être pas surpris. Il partagea des pieces d'or, garda une moitié de chacune, & envoya les autres à des capitaines dispersés en plusieurs parties du Royaume, avec ordre que si-tôt qu'ils recevroient ses moitiés, ils eussent à se mettre en campagne. La rupture ne tarda point, par des motifs que toute la sagacité de la Reine mere n'auroit pu prévoir.

> 1580.
> Rupture.

Le sage Mornay fait à l'occasion de cette guerre, qu'on a nommée *la guerre des amoureux*, une réflexion applicable à bien d'autres endroits

> Septieme guerre dite des amoureux.
> *Mém. de Bouillon*, p. 300.

HENRI III.
1580.
Sully, t. I, p. 121.
Villeroi.
D'Aubigné, t. II, liv. IV, p. 988.

de cette histoire. *On sera*, dit-il, *bien embarrassé à l'écrire, si on veut lui donner quelque dignité. Il faudra assigner pour cause d'un effet ce qui ne l'aura pas été, une cause généreuse, au lieu de l'amour d'une femme.* C'est ce qui arriva dans cette occasion. La politique y fut mêlée aux intérêts du cœur, si même ceux-ci ne prévalurent pas.

Ses causes.
Mém. de la Reine
Mém. de Mornay, p. 45.

Il en est peu d'aussi chers qu'une passion à défendre & des soupçons à écarter. Ce motif mit tout en mouvement dans la petite Cour du Roi de Navarre. Marguerite son épouse se rappelle dans ses mémoires, avec un retour de satisfaction, les plaisirs qu'elle y avoit goûtés. Les hommes, dit-elle, y trouvoient des femmes aimables, & les femmes, des cavaliers galants. *Il n'y avoit rien à regretter en eux, sinon qu'ils étoient huguenots; mais de cette diversité de religion, il ne s'en oyoit point parler.* A en croire Marguerite, ce n'étoit que passe-temps innocents : le matin la conversation, l'après-midi la promenade, le soir le bal ; nulle jalousie, liberté entiere. Elle fait même entendre que les in-

Livre cinquieme.

clinations de Henri son époux pour quelques-unes de ses filles, étoient réglées par la vertu, & ne parle point des siennes.

 Soit raison d'Etat, soit pure méchanceté, Henri III mit tout en combustion dans cette société pacifique. Il n'aimoit pas sa sœur. Elle s'étoit attachée au Duc d'Anjou par préférence, crime que Henri ne pardonnoit pas aisément. Confidente des peines de ce jeune frere, de moitié dans ses disgraces, il semble que tous les efforts employés par le Roi, pour rompre cette amitié, n'avoient fait que l'affermir davantage. De Pau ou de Nérac, villes qui partageoient son séjour, Marguerite entretenoit avec le Duc un étroit commerce. Une si grande intimité devint suspecte à Henri III; il craignoit que Marguerite, belle, engageante, peu avare de prévenances, ne fît à son frere des partisans de tous les Calvinistes dont elle étoit environnée. Il résolut donc de lui ôter leur confiance en la brouillant avec son mari, qui étoit le lien commun de tous ces Seigneurs attachés à sa fortune.

Henri III. 1580.

L'une galante.

Dans cette intention, Henri écrit au Roi de Navarre que sa femme entretient avec le jeune Vicomte de Turenne, un commerce scandaleux. A la lecture de cette lettre, Bourbon se persuade que le Roi n'a point été porté à cette confidence par le seul intérêt de l'honneur de son beau-frere. Il en fait part à son épouse, le Vicomte en est instruit. Les accusés se défendent, protestent de leur innocence, & rejettent la calomnie sur la malice du Roi. ,, Il n'a intention, *disent-ils au*
,, *Roi de Navarre*, que de vous brouil-
,, ler avec vos amis, si vous prêtez
,, l'oreille à ses insinuations. Un de vos
,, meilleurs serviteurs disgracié, sous
,, prétexte de galanterie, il trouvera
,, moyen de vous faire éloigner tous
,, les autres. Qui sait même s'il n'a pas
,, avancé cette accusation, pour avoir
,, une raison spécieuse de ne point
,, vous délivrer Cahors & les autres
,, villes promises en dot à sa sœur?
,, Il n'y a point à hésiter, il faut le
,, prévenir, & s'en emparer de gré
,, ou de force. ,,.

Dès ce moment on ne parla plus dans cette Cour que de sieges, de

Livre cinquieme.

batailles, d'entreprises militaires. L'adroite Marguerite voulant gagner son époux, & connoissant son foible, adoucit cette sévérité qui le forçoit de se tenir dans les bornes de la bienséance. Ses filles s'humaniserent. Les autres dames, à l'instigation de la Reine, échaufferent les courages des guerriers qui leur étoient attachés, & inspirerent le desir des combats à cette jeunesse qu'elles endormoient auparavant dans le sein de la volupté.

En même temps le Duc d'Anjou écrivit qu'on se mît en campagne, & qu'il répondoit du succès, ou d'une paix avantageuse. L'éclat étoit nécessaire à ses desseins. Depuis son retour à la Cour, il pressoit le Roi de l'aider à se rendre maître de la Flandre, dont les peuples lui offroient la souveraineté, pour peu qu'il fût appuyé de son frere. Mais le Monarque indolent, se voyant en paix, appréhendoit d'attirer sur lui les armes d'Espagne, & de voir sa tranquillité troublée, quand même il ne feroit que fermer les yeux sur les démarches de son frere. Or, le Duc d'An-

Henri III.
1580.

L'autre politique.

jou espéroit qu'en rallumant la guerre en France, Henri se prêteroit à tout pour avoir la paix. Il pressoit donc le Roi de Navarre de commencer, se chargeant de l'événement.

Brusques expéditions de tous côtés.

Sur sa parole, les pieces d'or qui devoient être le signal de la rupture, sont envoyées. Presqu'au même jour le feu de la guerre paroît allumé en différentes parties de la France. Le Roi de Navarre se jette dans Cahors; il y combattit cinq jours & cinq nuits sans se reposer, & il ne lui restoit pas un morceau entier de ses habits, quand il eut assuré sa conquête.

Condé, fait pour les aventures périlleuses, de la Fere, ville de son gouvernement de Picardie, où il s'étoit déja fortifié malgré le Roi, passe aux Pays-bas, vole en Angleterre, revient en Allemagne; prêt à rentrer en France, il est arrêté sur la frontiere de Savoie, volé & dépouillé sans être reconnu. Il échappe enfin & se met à la tête des Calvinistes de Languedoc.

Le Roi se met en défense, & négocie.

Le Roi, très-étonné de tous ces mouvements, en demande la cause, envoie couriers sur couriers, prie sa sœur d'appaiser son mari & de l'en-

Livre cinquieme. 225

gager à la paix. Marguerite nie d'abord les hostilités, promet ensuite, & amuse son frere. Pendant ce temps les mécontents font des progrès. Enfin Henri III s'apperçoit qu'il est trompé; il leve tout d'un coup trois armées. Comme de la part de cette jeunesse bouillante, tout s'étoit conduit sans système, la supériorité des forces fait tourner la chance, & les aggresseurs sont repoussés de tous côtés. Alors le Duc d'Anjou fait l'officieux, & offre à son frere de lui procurer la paix, s'il veut concourir à son entreprise de Flandre : le Roi y consent. Sur cette assurance, le Duc d'Anjou traite en Septembre avec les députés des Pays-bas, & part pour Fleix, château du Périgord, où se réunirent les parties intéressées.

<small>HENRI III, 1580.</small>

On fut bientôt d'accord : on ajouta seulement pour la forme, au traité de Nérac, quelques articles peu importants en faveur des réformés. Tous les autres sont à l'avantage du Roi de Navarre, qui entra en possession de la dot de sa femme. On mit les armes bas. Il y eut un Edit confirmatif de la convention. Le Duc d'Anjou

<small>Septième paix.</small>

K 5

s'assura, pour sa guerre, des principaux chefs Calvinistes, & revint à Paris en Décembre veiller aux préparatifs de son expédition de Flandre.

Espérances du Duc d'Anjou.

Le moment paroissoit favorable pour l'exécution. Les principales forces d'Espagne étoient employées à la conquête du Portugal. Les Flamands, fatigués d'une longue anarchie, vouloient un Prince, & nul ne pouvoit prendre ce titre plus utilement pour eux, que le Duc d'Anjou. Il étoit assuré des secours de l'Angleterre, & peut-être de toutes ses forces, si le mariage projetté entre Elisabeth & lui réussissoit. Du côté de la France, tant que la paix dureroit, il pouvoit compter sur les Calvinistes. Il n'y avoit que le Roi son frere dont il ne pouvoit se promettre beaucoup d'aide, tant à cause de la fausse politique qui lui faisoit toujours craindre de choquer le conseil d'Espagne, que parce que les profusions énormes de ce Monarque le mettoient hors d'état de seconder une si belle entreprise.

Profusion du Roi en faveur de ses nouveaux favoris.

Accoutumé à être gouverné, ce foible Prince, après la perte de ses favoris, ne tarda pas à en faire de nouveaux. Les mêmes prodigalités qui avoient attirés aux autres l'indignation publique, excitèrent les mêmes murmures contre ceux-ci. Henri maria Joyeuse à la sœur de la Reine, & fit pour cette noce des dépenses plus que royales. Il acheta à la Valette la terre d'Epernon, & lui donna d'avance en argent la dot de la femme qu'il lui destinoit. Le moins à charge fut François d'Epinay, sieur de S. Luc, que le Roi maria peu richement, mais avec grand éclat à Jeanne de Cossé, fille du fameux Maréchal de Brissac. Ce mariage produisit un événement auquel le Roi ne s'attendoit pas, & qui lui fit perdre son favori.

Henri III. 1581. *De Thou.* liv. LXXIV. *Davila*, liv. VI.

L'histoire s'abstient de prononcer sur le genre de goût qui attachoit Henri III à ses mignons; mais elle ne peut se dispenser de rapporter les faits. Henri aimoit ses favoris jusqu'à les embrasser plus que familiérement devant tout le monde, à les parer de sa main, à leur attacher des colliers & des pendants d'oreilles. Il ne permettoit point qu'ils le quittassent ni le jour ni la nuit. Le jour il le passoit avec eux dans des appartements écar-

Sa folle amitié pour eux.

K 6

tés, inaccessibles à tous ceux qui n'étoient pas du secret : la nuit tous couchoient dans de petites cellules pratiquées autour d'une vaste salle séparée simplement par une mince cloison, & souvent il en choisissoit quelques-uns pour leur faire partager son lit. Une pareille amitié ne pouvoit qu'occasionner de violents soupçons, qui flétrissoient également tous les complices.

La femme de S. Luc vit avec peine son jeune époux livré à une société qui le déshonoroit aux yeux du public, quoique Henri en fût le chef. Mais des liens formés par un Roi ne se rompent point sans risque. S. Luc le fit sentir à sa femme, qui conçut le projet de dégoûter le Monarque lui-même de ces plaisirs.

Ses fausses idées sur la religion. On doit cette justice à Henri III, que ses excès n'étoient jamais sans ces remords qui marquent du respect pour la religion, & qui donnent des espérances de retour. Voluptueux par tempérament, il se livroit sans ménagement aux plaisirs ; mais bientôt la satiété le ramenoit au repentir, & par une suite nécessaire, à des résolutions plus sages pour l'avenir. C'étoit le moment qu'auroit dû prendre un directeur éclairé, pour lui faire connoître & graver dans son cœur les grandes vérités de la religion, dont il n'avoit jamais été assez instruit. Mais dans ces instants d'un trouble qui pouvoit devenir si salutaire, il ne trouvoit que trop de conducteurs complaisants & intéressés, qui, ou craignoient de l'offenser, ou s'ils l'épouvantoient quelquefois par la vue du jugement de Dieu, lui laissoient croire que de simples actes extérieurs de pénitence, sans conversion du cœur, suffisoient pour appaiser la colere divine.

De-là, ce mélange bizarre de processions & de cavalcades, de courses nocturnes & de retraites dans les couvents, de conversations licencieuses, & de liaisons avec des religieux austeres. Après avoir quitté un habit efféminé & des parures immodestes, il portoit sur le sac de pénitent, une discipline attachée à sa ceinture, & un chapelet de têtes de mort au côté: appareil de dévotion que sa conduite démentoit bientôt; mais appareil qui

HENRI III.
1581.

du moins dans le commencement des désordres, tenoit à quelques desirs de conversion qu'on auroit pu rendre plus efficaces. C'est ce que tenta S. Luc, à l'instigation de sa femme.

Aventure de la sarbacane.

Une nuit qu'il étoit couché dans une de ces cellules dont nous avons parlé, il glissa une sarbacane au chevet du Roi, & lui prononça dans son premier sommeil, comme de la part de Dieu, les menaces les plus terribles, s'il ne revenoit de ses égarements. Henri se réveille tout-à-fait, prête l'oreille & n'entendant plus rien, croit que c'est un songe & se rendort. S. Luc répete les mêmes menaces. Henri, alors bien convaincu qu'il ne rêve point, s'abandonne le reste de la nuit aux plus tristes réflexions, & se leve l'inquiétude & l'effroi peints sur le visage.

Les courtisans s'en apperçoivent & ne savent qu'imaginer. S. Luc paroît aussi embarrassé que les autres. Faisant néanmoins semblant de s'enhardir, il approche du Roi & lui dit que cette même nuit il a vu en songe un ange avec un visage sévere, qui l'a menacé d'une ruine inévitable & pro-

Livre cinquième.

chaine, s'il ne renonçoit à ses égaremens, & s'il n'engageoit le Roi à changer de vie. Soulagé par cette ouverture, Henri lui fait part à son tour de ce qu'il a entendu, lui ordonne le secret, promet de profiter de ces avertissemens célestes, & commence à effectuer sa promesse en s'éloignant insensiblement de ses mignons.

Ils furent très-étonnés de ce changement, & chercherent à en pénétrer les causes. Villequier, ministre des plaisirs du Roi, s'y employa plus que les autres par la raison que son crédit devoit nécessairement souffrir, si le Monarque changeoit de conduite. Il vint enfin à bout de tirer le secret de S. Luc, & le révéla aussi-tôt au Roi. Ce Prince, irrité de ce que son favori avoit voulu abuser de sa crédulité, méditoit d'en tirer vengeance, si S. Luc, averti à temps, ne se fût sauvé à Brouage, dont il étoit gouverneur, & où il n'arriva qu'une heure avant celui que Henri envoyoit pour s'emparer de la place.

Il dut son salut à l'attention du Duc de Guise, qui, par ses affidés, étoit ponctuellement instruit de tout ce qui

Henri III.
1581.

Politique du Duc de Guise.

se passoit. Il prévint S. Luc sur ce qu'on méditoit contre lui, persuadé qu'un avis si important lui acquerroit un ami, dont il se serviroit au besoin. Telle étoit alors la politique de ce Duc : épier les fautes du Roi pour en profiter; obliger tout le monde, surtout les disgraciés, & ne point paroître, quoique mêlé dans toutes les affaires. Néanmoins en examinant de près sa conduite, on découvroit sans peine qu'il étoit le mobile secret de presque toutes les intrigues. Aussi le Roi qui s'en défioit, le tenoit à l'écart tant qu'il pouvoit.

1582. Celle du Roi bien inférieure. De Thou, liv. LXXV. Davila, liv. VI.

Forcé d'avoir une armée sur pied, pour faire exécuter ses différents Edits, Henri ne voulut point mettre à la tête le Duc de Guise, quoiqu'il en fût vivement sollicité. Mais par égard pour les Catholiques, dont les Lorrains étoient singuliérement aimés, il donna le commandement au Duc de Mayenne, comme plus modéré & moins hautain. Tout ce que le Monarque gagna à cette conduite, fut de conserver à sa Cour un homme plein de ruses, adroit à profiter de tous ses avantages, qui, par des ma-

Livre cinquieme. 233

nieres infinuantes & une conduite toujours égale, bien différente de celle du Roi, lui enlevoit l'eftime de fes peuples, & fur-tout la confiance du Clergé, fort mécontent des privileges accordés aux Calviniftes par les derniers Edits.

Il y avoit une efpece de lutte entre les partis oppofés. Chacun demandoit beaucoup plus que les circonftances & le defir d'entretenir la paix, ne permettoit d'accorder. Les Catholiques defiroient ardemment la publication du Concile de Trente, efpérant que fes décifions une fois connues, deviendroient une barriere fûre contre les innovations. Le Roi craignoit au contraire de fournir par-là aux Calviniftes un nouveau prétexte de révolte. Dans cet embarras, quelquefois il faifoit des remontrances douces au Clergé, quelquefois il le reprenoit avec aigreur.

La patience lui échappoit fur-tout quand on prétendoit lui faire acheter par des conceffions extraordinaires, l'argent qu'il demandoit. (*a*) Il ne

HENRI III.
1582.

Il fe brouille avec le Clergé.

───────────────
(*a*) Le Clergé demanda cette année au Roi, qu'il abdiquât le droit de nommer aux Evêchés, & qu'il

Henri III.
1582.

pouvoit alors cacher son indignation. On payoit dans la crainte d'exciter sa colère; mais il restoit toujours un fond de mécontentement qui éclatoit en murmures. Le Duc de Guise, attentif à tout ce qui pouvoit favoriser ses desseins, entroit avec une sensibilité apparente & tous les déhors d'un zele de religion, dans les peines du Clergé qu'il plaignoit, & dont il gagnoit ainsi la confiance : conduite adroite qui le lioit avec Rome, avec l'Espagne, & qui le rendoit le centre nécessaire des projets de ces deux Cours.

Le Duc d'Anjou nommé Duc de Brabant.

Celle de Rome n'en avoit point d'autres que de soutenir la religion Catholique en France. Philippe II affectoit la même pureté d'intention; mais il se soucioit moins d'empêcher les progrès du Calvinisme, que de susciter des troubles dans le Royaume, pour mettre le Roi hors d'état de donner des secours aux Flamands & au Duc d'Anjou, qui, du consen-

———
rétablît les élections. *Si les élections avoient eu lieu, répondit-il fort ému, beaucoup d'entre vous, qui combattent pour elles avec tant de chaleur, ne paroîtroient pas revêtus de cette dignité.*

tement de ces peuples, venoit de prendre le titre de Duc de Brabant.

HENRI III.
1582.
Ses affaires prennent un bon tour.

Son entreprise donna d'abord les espérances les plus flatteuses. Il vit les grands comme le peuple, unis de vœux & d'intérêt, lui jurer une fidélité d'autant moins suspecte, qu'ils la regardoient comme nécessaire à leur bonheur. Elisabeth, Reine d'Angleterre, soit goût, soit politique, permit qu'on traitât son mariage avec le Duc. Elle alla jusqu'à lui donner publiquement un anneau, comme gage de sa foi, & à recevoir celui du Prince qu'elle mit à son doigt.

Les Calvinistes de France, & beaucoup d'Allemands, coururent s'enrôler sous ses drapeaux. Les Catholiques mêmes prenoient parti dans ses troupes, pour le seul plaisir de voir humilier les Espagnols, dont les rodomontades révoltoient tout le monde. Rien ne prouve mieux le triste état de leurs affaires en Flandre, que les noires intrigues dont le désespoir & l'impuissance les rendirent coupables.

Dépit des Espagnols.

Personne ne doute que les divers complots tramés en Angleterre, complots qui menaçoient du poison & du poignard, la Reine, les Ministres, & les principaux Seigneurs, n'aient été l'ouvrage du conseil d'Espagne. L'assassin qui blessa le Prince d'Orange d'un coup de pistolet, étoit certainement un émissaire de cette Cour. Enfin ce fut Philippe qui, de concert avec le Duc de Guise, imagina la fameuse conjuration de Salcéde.

De pareils monstres ne méritent point la peine qu'on prend quelquefois à vouloir découvrir les motifs qui les ont fait agir. Presque tous ne sont que des scélérats aveuglés par des crimes précédents, & qui, s'imaginant devenir des personnages importants, ne s'apperçoivent pas qu'ils sont sacrifiés par des hommes plus habiles & plus méchants qu'eux. Salcéde étoit un Gentilhomme débauché, perdu de dettes, condamné à mort pour fausse monnoie, & à qui le Duc de Guise avoit obtenu grace. On sera peut-être surpris que Salcéde & Guise aient pu prendre confiance l'un à l'autre. Le premier, fils de ce Gouverneur de Vic, qui, quoique bon Catholique fut à la Saint-Barthelemi, puni par

Henri III 1582. Journal de Henri III. Busbec, lett. 18. Mém. de Villeroi. t. I, p. 21. Vie de Thou, t. XI. p. 53.

Conjuration de Salcéde.

Livre cinquieme. 237

les Guises, de la *guerre Cardinale* qu'il avoit suscitée. Le second, chef de cette maison impérieuse, qui n'oublia jamais une insulte, sur-tout quand elle pouvoit porter atteinte à son crédit. Mais on sait qu'une passion à satisfaire applanit toutes les difficultés. Le Duc de Guise étoit ambitieux. Il trouva dans Salcéde un homme intrépide, sans mœurs & sans principes, capable de tout entreprendre; il le prévint de politesse & de confidence. Salcéde fut flatté; il se promit des honneurs & des richesses. C'en fut assez pour lui fermer les yeux sur le péril de l'entreprise.

Si l'on en croit sa déposition écrite toute entiere & signée de sa main, rétractée ensuite, affirmée de nouveau & désavouée dans le dernier supplice, il étoit question d'allumer en même temps le feu de la guerre par-tout le Royaume, pour embarrasser Henri III, & l'empêcher d'envoyer en Flandre des secours à son frere. On étoit sûr, disoit Salcéde, des provinces de Picardie, de Champagne, de Bourgogne, du Cotentin & de la Bretagne. Les troupes du pape, jointes à celles de Savoie, devoient fondre en France par le Lyonnois, & les Espagnols par deux endroits, du côté des Pyrenées. Le rôle de Salcéde, rôle dans l'exécution duquel il fut arrêté, étoit d'aller trouver le Duc d'Anjou avec un régiment de soldats affidés, de lui offrir ses services, de gagner sa confiance, & d'obtenir de lui le commandement de quelque place frontiere, comme Dunkerque, pour la livrer ensuite aux Guises. Ceux-ci comptoient forcer le Roi, effrayé par ce soulévement général, de les mettre à la tête de ses armées, ensuite lui faire la loi à lui-même, & empêcher le Duc d'Anjou de rentrer en France, pour le faire périr en Flandre, sans secours, accablé par toutes les forces Espagnoles.

Du reste, Salcéde nia constamment d'avoir jamais eu dessein d'attenter à la vie ou à la liberté du Duc d'Anjou ; mais il avoua d'autres trahisons, comme d'avoir fait plusieurs fois le métier d'espion, entretenant commerce avec le conseil d'Espagne, allant sur les lieux s'assurer par lui-même des préparatifs de la France,

& en donnant avis aux généraux ennemis. Il nommoit parmi les conjurés ce qu'il y avoit de plus diftingué entre les courtifans & les miniftres de France, prefque tous les gouverneurs de provinces & des villes confidérables, & jufqu'à des favoris du Roi. Il leur prêtoit l'affreux projet de mettre Henri en prifon, de fe défaire du Duc d'Anjou, & d'exterminer la famille Royale. Le Cardinal de Pellevé étoit, difoit Salcéde, l'agent de cette ligue auprès du Pape.

Bien des chofes fe contredifoient dans cette dépofition ; mais il en réfultoit toujours l'indice certain d'une conjuration redoutable. Le Duc d'Anjou qui avoit fait arrêter Salcéde en Flandre, frappé de ces horreurs, ne crut pas devoir les laiffer ignorer au Roi. On reconnoît ici la fauffe politique de Henri III ; il regarda d'abord cet avis comme une rufe de fon frere, pour tirer de lui des fecours plus abondants, fous prétexte du danger où ils fe trouvoient tous les deux. Pour ne point troubler fa tranquillité & fes plaifirs, il étoit déterminé à n'en rien croire, & même à ne point

240 L'Esprit de la Ligue.

HENRI III.
1582.

faire de recherches : mais le Duc lui envoya le coupable; Henri l'interrogea lui-même. Salcéde nia tout ce qu'il avoit écrit de sa main, & répété en prison devant deux députés du Roi. A la question il avoua de nouveau ; mais il se rétracta ensuite, & persista dans sa rétractation jusqu'à sa mort, qui fut celle des criminels de leze-Majesté.

On étouffe l'affaire.

Pendant & après le procès, il n'y eut point d'informations, point de perquisitions, point de confrontations des accusés, du moins des plus suspects. Le Président de Thou conseilloit de garder le criminel, afin de le faire parler à mesure qu'on découvriroit des traces du complot, mais trop de personnes étoient intéressées à son silence. (*a*) On conseilla au Roi de se débarrasser d'un scélérat, dont la vie ne faisoit que troubler sa tranquillité, & inquiéter nombre de gens que la crainte portoit au désespoir ; au lieu que l'indulgence

___

(*a*) Sulli raconte dans le 2e. *vol.* de ses mémoires, *livre V*, p. 129, que Salcéde accusa M. de Villeroi, qu'il fait tout ce qu'il peut pour se justifier & que *finalement s'étant assez mal défendu, il appelle Dieu & les anges, pour témoins de son innocence, desquels on n'a point nouvelles qu'ils soient encore arrivés.*

du

Livre cinquieme.

du Roi, & son attention à soustraire les preuves de leur crime, les rameneroient sans doute au devoir, s'ils s'en étoient écartés. On verra par les fureurs de la Ligue, affreuse tragédie dont la conjuration de Salcéde est comme le premier acte, combien ce lâche conseil fut pernicieux au malheureux Henri. Il le suivit, parce qu'il favorisoit son aversion pour les affaires, & son goût pour les plaisirs. Il continua à vivre au milieu de ses ennemis, comme s'il ne les eût pas cru tels, ou comme s'il n'en eût eu rien à craindre. Sans mesures, sans précautions, leur donnant même lieu de fortifier cette trame, tant par la premiere impunité, que par les fautes & les imprudences perpétuelles qui lui échappoient.

Il seroit ennuyeux de remettre toujours sous les yeux du lecteur, les dévotions bizarres de Henri III, les longues processions dans lesquelles il traînoit après lui, Princes, Ministres, Cardinaux, couverts du sac de pénitents ; ses pelerinages à Chartres & ailleurs, pour avoir des enfants ; ses retraites aux Minimes & aux Feuillans, qu'il prêchoit lui-même en cha-

HENRI III.
1575.

Excès des prédicateurs.
De Thou, l. LXXVII. & LXXVIII.
Davila, liv. VI.
Journal de Henri III.

pitre. Ce qu'on peut ajouter à ce que nous avons déja dit, c'est qu'au plaisir du spectacle, qui faisoit ordinairement agir le Roi, il commença cette année, & continua jusqu'à la fin de sa vie, à joindre le desir de persuader les peuples de son attachement à la religion Catholique. Mais les factieux lui ôterent bientôt cette ressource, en faisant parler les prédicateurs, qui tantôt par des invectives, tantôt par des bons mots, indignes de la chaire, lui ôterent tout le fruit de cet appareil. (a)

(a) Le Prédicateur de la cathédrale, nommé Poncet, appella publiquement une nouvelle Confrairie de Pénitents érigée par le Roi, *la confrairie des hypocrites & athéistes* ; ,, & qu'il ne soit vrai, (dit-il, en propres mots,) j'ai été averti de bon lieu qu'hier au soir, ,, qui étoit le vendredi de leur procession, la broche ,, tournoit pour le souper de ces gros pénitents, & qu'a-,, près avoir mangé le gras chapon, ils eurent pour ,, collation de nuit le petit tendron qu'on leur tenoit ,, tout prêt. Ah ! malheureux hypocrites ! vous vous mo-,, quez donc de Dieu sous le masque, & portez par con-,, tenance un fouet à votre ceinture ? Ce n'est pas là, de ,, par D.... où il faudroit le porter : c'est sur votre ,, dos & sur vos épaules, & vous en étriller très-bien. ,, Il n'y a pas un de vous qui ne l'ait bien gagné. ,, Le Roi se contenta de reléguer ce Prédicateur insolent, dans une abbaye qu'il possédoit. Un des mignons (les uns disent Epernon, d'autres, Joyeuse) voulant se moquer de la disgrace de Poncet, fut payé de sa raillerie par une réponse qui fut trouvée fort à propos : ,, Mon-,, sieur notre maître, lui dit le mauvais plaisant, on dit ,, que vous faites rire les gens à votre sermont ; cela ,, n'est guere bien. Un prédicateur comme vous, doit ,, prêcher pour édifier, & non pas pour faire rire. Mon-

Livre cinquieme.

Le Roi n'opposa à ces insultes que quelques réprimandes, ou autres légers châtiments peu capables d'arrêter l'enthousiasme, qui, dirigé en secret par les Guises, gagnoit de tous côtés. Il ne fut pas plus ferme à l'égard de François de Rosieres, archidiacre de Toul, auteur d'un livre plein de calomnies contre les descendants de Hugues Capet, & contre le Roi lui-même. Non-seulement Henri pardonna à l'auteur; mais il permit que la flétrissure du livre fût tenue secrette, en considération des Guises qui se donnerent beaucoup de mouvements pour obtenir cette grace, de peur que le deshonneur de la condamnation ne retombât sur la maison de Lorraine, dont cet ouvrage contenoit les prétentions au trône; foiblesse bien dangereuse dans ces circonstances. Il falloit ou ignorer cet attentat, ou le punir plus sévérement.

Mais le Roi mon frere, dit amérement la Reine Marguerite dans ses mé-

---

,, sieur, répondit Poncet sans s'étonner, je veux bien
,, que vous sachiez que je ne prêche que la parole de
,, Dieu, & qu'il ne vient point de gens à mon sermon
,, pour rire, s'ils ne sont méchants & athéistes : & aussi
,, n'en ai-je jamais tant fait rire en ma vie, comme vous
,, en avez fait pleurer. *Journal de Henri III.*

L 2

moires, n'avoit de courage que contre les femmes. Elle en fit elle-même dans ce temps une fâcheuse expérience. Après la guerre des amoureux, cette Princesse revint à la Cour de France. Trop aimée du Duc de Guise, étroitement liée avec le Duc d'Anjou son frere, dont le Roi étoit jaloux, Marguerite devint suspecte au Roi. Il rechercha sa conduite, & crut y découvrir des taches déshonorantes pour son mari & la maison Royale. Au lieu de la renvoyer simplement de la cour, théatre trop exposé pour ses désordres, Henri fit un éclat qui ne pouvoit servir qu'à satisfaire quelque vengeance particuliere.

Son mari la redemandoit depuis quelque temps : le Roi fit semblant de se rendre aux instances de son beaufrere ; mais à peine étoit-elle en route, qu'il envoya après elle des archers de sa garde. Ils l'arrêtent au milieu du chemin, fouillent sa litiere, démasquent ses femmes sous le prétexte de voir s'il n'y a point d'hommes parmi elles, en emmenent deux prisonnieres, & traitent fort mal les autres.

Elle se plaignit hautement de cet

Henri III.
1583.
Marguerite par son frere.
Busbec, liv. 23.
Mém. de la Ligue, t. I, p. 544.
Journal de Henri III.
Amours de Henri IV. p. 26.
Mém. de Mornay, p. 90.
De Bouillon, p. 325.
De Sully, t. I.

affront. Le Roi son mari en demanda justice par des envoyés exprès. Henri ne voulut ni la condamner, ni la justifier. Il refusa toujours de s'expliquer, prétendant que cette aventure devoit être regardée comme une querelle de frere à sœur. Des affaires plus importantes empêcherent le Roi de Navarre de faire d'autres instances, & Marguerite deshonorée, n'osant retourner auprès de son époux, alla cacher sa honte & la combler dans des châteaux écartés, où elle crut pouvoir se livrer plus librement à ses penchants. Depuis cette époque, ce qu'un Historien peut faire de plus avantageux pour elle, c'est de n'en plus parler.

<small>Henri III. 1583. Elle reste déshonorée & oubliée.</small>

Tout se tient dans le système politique. Souvent les révolutions les plus étonnantes viennent par un enchaînement successif de causes bien éloignées de leurs effets. Personne n'approuvoit sans doute les déréglements de Marguerite ; mais bien des gens, même les plus sensés, trouverent mauvais qu'une Reine, sœur du Roi, & presque le dernier rejeton de la famille Royale, eût été traitée si injurieusement. Les femmes sur-tout, déja aigries contre

<small>Contrariétés entre les loix de Henri & sa conduite. Code Henri. Journal de Henri III. Busbec, lettre 29.</small>

HENRI III.
1583.

Henri à cause de ses mignons, le détesterent sans retour, quand elles virent que prodiguant à ceux-ci les parures de leur sexe, il les dépouilloit elles-mêmes de leurs ornements par des édits contre le luxe : édits qui furent si sévérement exécutés, qu'on arrêta à Paris en pleine rue, & qu'on traîna en prison des femmes de qualité, pour avoir porté les étoffes ou les bijoux interdits.

Indignation des peuples contre le luxe & les divertissements du Roi.

On voyoit avec indignation que le Roi, en même temps qu'il prescrivoit à ses sujets cette épargne forcée, augmentoit lui-même ses dépenses, grossissoit sa garde, introduisoit à sa cour un faste inconnu, & s'occupoit sérieusement du projet d'adopter le cérémonial de la cour d'Angleterre, beaucoup plus pompeux alors que celui de France. Chaque jour Henri donnoit des édits bursaux qu'il faisoit recevoir par force dans des lits de justice. Il créoit aussi une infinité de charges inutiles, dont il abandonnoit les provisions à ses mignons, & ceux-ci à leurs tailleurs, cuisiniers & parfumeurs. Enfin il étoit difficile de ne point éclater en voyant un Roi de France s'avi-

Livre cinquieme. 247

ir jusqu'à faire parade publiquement de goûts puériles, d'amusements ridicules, (*a*) pendant qu'il y avoit dans l'Etat une fermentation qui préfageoit les plus funeftes mouvements.

Tous les partis négocioient, non pour prévenir les troubles, mais pour en tirer avantage. Le Duc de Joyeufe, jeune favori, fe mit en tête de fe faire agréer par le Pape pour chef des Catholiques, au préjudice du Duc de Guife. De l'aveu du Roi qui fe prêta à ce projet, dans l'efpérance de fubftituer fon favori au Duc, Joyeufe partit pour Rome avec un train magnifique; il y fit fes propofitions & fes offres, qui furent reçues très-froidement. Il voulut auffi décrier Montmorenci, Gouverneur de Languedoc, qu'il repréfenta comme fauteur d'hérétiques, & il demanda au Pape des forces pour le fupplanter; mais fes calomnies ne furent payées que d'indifférence.

Henri III. 1584.

Négociations générales. De Thou, l. LXXIX & LXXXI. Davila, l. VI & VII. Mémoire de la Ligue, t. I, p. 513. De Mornay, p. 74. Difcours de ce qui fe paffa au cabinet du Roi de Navarre. Boute-feu des Caviniftes. De Sulli, p. 191.

___

(*a*) Le Roi jouoit au bilboquet dans les rues de Paris avec fes courtifans. ,, Sulli introduit dans fon cabinet, ,, pour affaires importantes, le trouva l'épée au côté, ,, une cape fur fes épaules, fon petit toquet en tête & un ,, panier pendu en écharpe au col, dans lequel il y avoit ,, deux ou trois petits chiens, pas plus gros que le ,, poing ,, *Sulli*, t. I, p. 232.

L

Montmorenci ainsi attaqué, traita avec le Roi de Navarre, pour se soutenir. Celui-ci envoya en Angleterre & en Allemagne, solliciter des secours contre les complots des Princes Lorrains, prêts à éclater. Guise resserroit de son côté les nœuds qui l'unissoient depuis long-temps avec l'Espagne, & donnoit pour prétexte de ses engagemens avec une puissance étrangere, la nécessité de défendre la religion Catholique.

Mais uniquement attentif à ses intérêts, en même temps qu'il prétextoit aussi son zele pour la Religion, Philippe offroit au Roi de Navarre & aux Calvinistes de l'argent & des troupes, pour renouveller la guerre en France & empêcher Henri de secourir les Flamands. Il prit pour faire ces offres le moment où il supposa Bourbon irrité, de l'affront fait à sa femme. L'Espagnol proposoit à Henri de rompre son mariage avec une épouse déshonorée, de lui donner l'Infante sa fille, & d'épouser lui-même la Princesse de Navarre. *Vous ne voulez pas*, dirent les négociateurs Espagnols à Mornay, chargé d'écouter leurs propositions,

Livre cinquieme.

& *bien vous ne savez que vous faites de nous refuser: nos marchands sont prêts.* Mot qui décele, à ne s'y pas tromper, les motifs de la Ligue & & les ressorts cachés qui l'ont soutenue si long-temps.

Il y avoit encore d'autres négociations particulieres sur le tapis ; savoir, de la Reine mere avec le Duc de Lorraine, qu'elle auroit voulu élever au préjudice de la branche de Guise ; du Duc de Lorraine lui-même avec le Roi de Navarre, dont il souhaitoit obtenir la sœur, pour un de ses fils ; du Duc de Savoie avec le même Prince, pour le même sujet ; des Flamands avec la Cour de France ; enfin des Guises avec le Cardinal de Bourbon, oncle du Roi de Navarre, qui croyoit ou feignoit de croire qu'arrivant la mort du Duc d'Anjou, il devoit être reconnu héritier présomptif de la couronne de France, au préjudice de son neveu.

Le Roi voyoit tout le monde autour de lui prendre ses assurances, & seul il ne s'inquiétoit de rien. La mort du Duc d'Anjou son frere, le surprit dans cette inaction. Ce jeune Prince

HENRI III.
1584.

Faute du Duc d'Anjou en Flandre.

<small>HENRI III.
1584.</small>

livré à des conseils téméraires, vit après les plus beaux commencemens, ses espérances s'évanouir, parce qu'il voulut les réaliser trop tôt. Ses flatteurs lui persuaderent qu'on abusoit de sa bonté, & que pendant qu'on lui laissoit en apparence le titre de la souveraineté, c'étoit le Prince d'Orange qui en avoit tout le pouvoir. Le Duc résolut de se tirer de cette espece de tutelle. Il attaqua à l'improviste les villes où il n'étoit pas le maître absolu. Elles se défendirent. Il fut repoussé & forcé de se retirer.

<small>Sa mort.</small> Cette entreprise mal concertée, lui fit perdre la confiance des Flamands. En vain tenta-t-il de la regagner, par les promesses les plus flatteuses : ou elles ne furent point écoutées, ou elles le furent trop tard. Plongé dans un noir chagrin, d'avoir par sa faute mis obstacle à sa fortune, il se renferma dans Châteautierri, ville de son appanage, où il ne traîna que quelques mois une vie languissante. Les uns disent qu'il mourut de tristesse, les autres du poison, que lui donnerent les Espagnols, auxquels il étoit encore redoutable, même dans son discrédit.

François Duc d'Anjou étoit vif, emporté, turbulent; mais plein de candeur, de générosité & de bonne foi. Le malheur des temps le força quelquefois à déguiser ses pensées; mais jamais il ne put soutenir une entreprise, qui auroit demandé certain rafinement de dissimulation. Il aimoit la gloire. Cette passion l'éloigna souvent de son devoir. Il s'en repentit au lit de la mort & en demanda pardon au Roi son frere.

HENRI III.
1584.
Son caractere.

Jamais il n'en avoit été sincérement aimé, non plus que de la Reine sa mere. Accoutumés à le regarder comme un enfant, ni l'un ni l'autre n'eurent pour lui, à mesure qu'il avançoit en âge, les égards convenables à son rang. Le dépit qu'il en conçut le força souvent de prêter son nom aux factions qui diviserent le Royaume, afin d'obtenir une considération qu'on lui refusoit. Il avoit enfin trouvé en Flandre un théatre digne de sa bravoure, lorsque la jalousie du commandement lui fit perdre en un instant le fruit de plusieurs années de travaux. Sa mort changea quelques intérêts, & elle ouvrit un plus vaste champ à ceux

> HENRI III.
> 1585.
> La Ligue se fortifie sous le nom du Roi.
> De Thou, l. LXXXI.
> Davila, l. VII.

qui projetoient des troubles & qui se préparoient déja à l'exécution.

Nous avons vu qu'aux Etats de Blois en 1577, le Roi au lieu de détruire la Ligue, s'en étoit déclaré le chef, expédient qui n'auroit pas manqué d'adresse, si Henri en l'employant avoit eu intention de miner sourdement, à l'ombre de ce titre, une cabale dangereuse. Mais il ne songeoit qu'à parer les inconvénients présents. Le péril étant passé, il se conduisit comme si la même crise ne pouvoit pas revenir, & il laissa fortifier sous son nom une faction, qui devoit bouleverser son Royaume.

> Le Duc de Guise se détermine à agir.
> Lézeau. mss. de sainte Geneviève.

Un seul trait de différence peint les deux concurrents, Henri Roi de France & Henri Duc de Guise. Le premier paroissoit à la tête des affaires, par son rang seul, sans les avoir imaginées, & sans les conduire. Le second n'ayant de titre que son mérite, présidoit réellement à tout & faisoit mouvoir tous les ressorts. S'il n'avoit pas dressé le plan de la Ligue, on ne peut douter que ce ne fût lui qui en pressoit l'exécution, qui mettoit, pour ainsi dire, les armes à la main des factieux, & cependant il se faisoit prier pour les prendre : *On fut*, écrit un Auteur contemporain, *plusieurs jours à déterminer le Duc de Guise, parce que*, disoit-il, *si on me fait dégaîner l'épée contre mon maître, il faut en jetter le fourreau dans la riviere.*

Il étoit aussi question de trouver un prétexte pour lever des troupes en pleine paix, contre un Roi légitime, bien affermi sur son Trône. Rien de moins plausible que la raison qu'on imagina, & cependant elle réussit. Tant il est vrai que le peuple prévenu peut être poussé aux plus grands excès par les plus foibles moyens ! En dix ans de mariage, le Roi n'avoit point eu d'enfants. Mais il n'étoit point sûr qu'à la fleur de son âge, ainsi que son épouse, il dût se voir privé de postérité, on le supposa néanmoins : on osa même l'assurer ; il se répandit des écrits qui taxoient Henri d'impuissance & qui alarmoient ses sujets sur la succession au Trône, comme s'il eût été prêt à vaquer.

Personne ne doutoit qu'au défaut de la branche de Valois, la couronne

Henri III.
1585.

On prend le prétexte de la succession au trône.

Droit prétendu par le

ne fût due à la maison de Bourbon, issue de Saint Louis, par Robert Comte de Clermont son dernier fils. On ne doutoit pas non plus, qu'elle n'appartînt à l'héritier en ligne directe, Henri Roi de Navarre ; mais la religion prétendue réformée, dont il faisoit profession, aliénoit de lui les cœurs des Catholiques. C'en fut assez, pour faire imaginer à ceux qui vouloient brouiller, de lui opposer un rival. Ils prirent son oncle le vieux Cardinal de Bourbon, Archevêque de Rouen, plus près à la vérité du Trône que le jeune Roi de Navarre; mais de la branche cadette.

Il n'est pas sûr que ce prélat ait été lui-même persuadé de son prétendu droit. Cayet rapporte qu'un de ses plus fideles serviteurs l'excitant à quitter le parti des Guises, dont le but étoit de ruiner sa maison, le Cardinal répondit : *Je ne suis point accordé à ces gens-ci sans raison ; penses-tu que je ne sache pas bien qu'ils en veulent à la maison de Bourbon ? Pour le moins, tandis que je suis avec eux, c'est toujours Bourbon qu'ils reconnoissent : le Roi de Navarre mon neveu, cependant,*

Livre cinquieme.

fera fa fortune. *Le Roi & la Reine fa-vent bien mon intention.*

Charles de Bourbon foutint néanmoins d'abord fes prétentions avec toute la chaleur d'un homme convaincu. Mais comme il étoit inconftant & léger, il peut fe faire que féduit dans un temps, il fe foit détrompé dans un autre, fur-tout lorfque fon nom étant devenu moins néceffaire au foutien de la Ligue, fes flatteurs commencerent à brûler moins d'encens devant l'Idole de fa Royauté. Dans les commencements ils eurent l'adreffe d'en faire à fes yeux un être réel, auquel le vieux Prélat facrifia jufqu'à fes fcrupules. On lui parla d'une difpenfe pour lui faire époufer la veuve du Duc de Montpenfier, Catherine de Lorraine, Princeffe qui fit depuis éclater tant de fureur contre Henri III; & le vieux Cardinal y prêta l'oreille.

Ainfi le Duc de Guife avoit un appas prêt pour chacun de ceux qu'il vouloit envelopper dans fes filets. Il perfuadoit à la Reine mere qu'il ne cherchoit à éloigner du Trône le chef des Bourbons, que pour y placer fes

HENRI III.
1585.
Appas que le Duc de Guife lui préfente.

Rufes par lefquelles il gagne les autres à la Ligue.

petits-fils, enfants du Duc de Lorraine & de Claude de France sa fille. Les Courtisans, il les flattoit de l'espérance de les rendre nécessaires par la guerre, & d'obliger le Roi à partager entr'eux les faveurs qu'il rassembloit toutes sur ses mignons. Il promettoit à la noblesse plus de considération & de préférences à ceux qui rendroient les premiers services ; aux peuples diminution des impôts, & au Clergé la destruction de toutes les sectes.

Des Prédicateurs gagés ou séduits, faisoient valoir en chaire ses promesses. On exposoit aux portes des Eglises & aux coins des rues des tableaux qui représentoient les supplices, dont on supposoit que les Catholiques étoient punis en Angleterre & dans les Pays-bas. Ainsi serez-vous traités, disoient au peuple des gens apostés, lorsque le Roi de Navarre occupera le Trône avec ses hérétiques.

Ces différentes adresses gagnerent une infinité de partisans à la Ligue, dont on faisoit par-tout signer des formulaires, sous le nom de *sainte Union*. Cependant ils ne paroissoient pas encore assez nombreux au Duc

Henri III.
1585.

Alarmes qu'il jette dans l'esprit des peuples.

Il ne trouve pas la Ligue encore assez forte pour éclater.
Journal de Henri III.
D'Aubigné,
t. II, liv. V.

Livre cinquieme. 257

de Guise, pour faire un éclat, tel que celui de prendre les armes. Il voulut temporiser ; mais le Roi d'Espagne ne le lui permit pas.

Philippe avoit besoin des troubles de la France, pour empêcher le Roi de secourir les Flamands. Ces peuples envoyerent demander au Roi sa protection, par une célebre ambassade : ils lui proposoient même de devenir ses sujets. Les partisans d'Espagne crurent appercevoir dans Henri quelqu'inclination à profiter de ses offres. Ils firent part à Philippe de leurs appréhensions. Celui-ci ne trouva pas de meilleur expédient pour se délivrer de ses craintes, que d'occuper Henri chez lui. Il exigea donc du Duc de Guise un éclat & lui en imposa même la nécessité, en le menaçant, disent quelques historiens, de remettre au Roi de France les originaux de ses traités avec l'Espagne, & de l'abandonner à sa discrétion.

Le premier crime, comme il arrive d'ordinaire, força le Duc au second. Entraîné par les circonstances, il n'eut que le temps de faire précéder de quelques formalités l'éclat qu'il

HENRI III.
1585.
Mém. de Mornay.
Villeroi, p. 27.
Tavannes, 520.
Nevers, t. I, p. 605.
Rohan.
Busbec, l. 48.
Cayet, t. I.
Le Roi d'Espagne exige l'éclat.

Premiers efforts de la Ligue & huitieme guerre.

préparoit. A son instigation le Cardinal de Bourbon se retire dans son Diocese de Rouen. Une députation solemnelle de la noblesse de Picardie, députation concertée, va l'inviter à passer dans cette province, & l'emmene à grandes journées à Péronne. Des Suisses & des Reitres, partie soudoyés de l'argent d'Espagne, partie levés sur le crédit du chef de l'union, avancent vers les frontieres. Des Capitaines expérimentés partent pour se mettre à leur tête. Guise & ses freres rassemblent autour d'eux la noblesse de Champagne & de Bourgogne. Plusieurs villes se soulevent, les unes séduites, les autres forcées. Lyon ouvre ses portes aux secours que les révoltés avoient obtenus de la Savoie; Toul & Verdun à ceux que la Lorraine tiroit d'Allemagne. Les Ligueurs manquent Marseille & Bourdeaux; mais ils se rendent maîtres, dans le cœur du Royaume, de Bourges, Orléans & Angers. Enfin la Ligue s'établit solidement à Paris.

Origine de la faction des seize.

Depuis long-temps il s'y faisoit des assemblées clandestines, dans lesquelles on critiquoit la conduite du Roi & du Ministere. Les premieres se tinrent au college de Fortet. Elles étoient composées de Prêtres, de gens de Robe; on y admit par la suite de simples bourgeois. De la censure du Gouvernement au desir d'avoir la gloire de le réformer, le pas est glissant : on dit d'abord ce qui devroit se faire; on cherche après les moyens de l'exécuter. Ainsi les principaux de ce conseil secret, qui devinrent peu après les chefs de la formidable faction *des seize*, des murmures passerent à des projets généraux, des projets à des complots moins vagues & plus déterminés.

Ils écrivirent dans les principales villes. Ils y firent passer des émissaires, pour y former des assemblées pareilles & établir une correspondance générale, dont Paris seroit le centre. Enfin ils se cottiserent & amasserent des armes. Il n'est pas sûr qu'ils aient alors conçu le dessein d'arrêter le Roi; mais du moins ce Prince en eut peur. Et ce fut à cette occasion, qu'il se forma une garde de quarante-cinq Gentilshommes, bien appointés, avec

HENRI III.
1585.

Paris devient le centre de la Ligue.

bouche à Cour, qui avoient ordre de ne le jamais quitter.

Cette précaution bonne pour la sûreté de sa personne, ne pourvoyoit pas au salut de l'Etat. Henri crut arrêter ce transport fanatique, par un simple Edit qui défendoit les levées d'hommes & les attroupements, mais on n'en tint aucun compte. A Paris même, sous ses yeux, le Roi souffroit que le peuple se familiarisât avec les armes : tolérance toujours dangereuse, sur-tout quand les esprits sont échauffés. Pasquier écrivoit à un de ses amis : *Nous sommes maintenant devenus tous guerriers désespérés. Le jour nous gardons les portes; la nuit faisons le guet, patrouilles & sentinelles. Bon Dieu! que c'est un métier plaisant à ceux qui en sont apprentifs!*

A la fin de Mars parut le manifeste de la Ligue, donné à Péronne; sous le nom seul du Cardinal de Bourbon. On s'y étoit sur-tout appliqué à exagérer le danger que couroit la religion Catholique, si la branche hérétique des Bourbons montoit sur le trône. Le Roi répondit foiblement. Les écrits se multiplierent, sous tou-

Livre cinquieme.

tes fortes de titres: *apologies, declarations, complaintes, proteftations,* & autres femblables: tous en différents termes, ne faifoit que répéter la même chofe. Les Ligueurs femblant ne craindre que pour la religion, crioient contre les favoris, demandoient le foulagement des peuples & affectoient le plus grand défintéreffement. Les Royaliftes tâchoient de juftifier le Prince & fes courtifans, & de raffurer les Catholiques, par des promeffes. Ils rejetoient tout le malheur des temps fur les factieux, qui vouloient la guerre. Le lecteur nous difpenfera d'extraire ces pieces, faites uniquement pour en impofer à la multitude, & dans lefquelles on ne trouve prefque jamais les motifs & le but des chefs. C'eft dans les mémoires fecrets qu'il faut les chercher, & fur-tout dans les lettres & les aveux échappés aux agents particuliers.

Un des plus actifs étoit le pere Matthieu Jéfuite. Tout fon ordre étoit dévoué à la Ligue, au point que l'hiftorien de la fociété long-temps après l'appelle encore: *Un lien facré, pour défendre la religion,* & qu'il af-

HENRI III.
1585.

Ses agents les plus zélés.
Jouvenci, hift. de la fociété: Rome, 1718, liv. 16, n. 24, p. 377.

sure que le P. Edmond Auger, confesseur de Henri III, fut éloigné de la Cour par ses supérieurs, parce qu'il détournoit de toutes ses forces les François d'entrer dans la Ligue. Que ce dévouement vînt de jalousie, causée par les faveurs que Henri répandoit sur les Feuillants & autres Religieux, ou qu'il vînt de pur zele de religion, peu importoit au Duc de Guise. Ce qu'il y a de sûr, c'est qu'il n'eut jamais de partisans plus fermes, de prédicateurs plus hardis, de coopérateurs plus infatigables ; entr'autres, ce P. Matthieu, qui fut surnommé *le courier de la Ligue*. Le voyage de Rome n'étoit qu'un jeu pour lui ; sans le moindre besoin essentiel, pour un simple avis à porter ou à recevoir, il passoit les monts, revenoit en France, retournoit en Italie ; toujours prêt à partir, il se multiplioit, pour ainsi dire, par sa diligence.

L'affaire qui lui donna le plus de peine, fut l'association du Duc de Nevers à la Ligue ; encore ne réussit-il pas. Le Duc vouloit bien en être, mais à condition que le Pape l'approuveroit par une bulle, comme s'il y

Marginalia:
HENRI III. 1585.
Le P. Matthieu courier de la Ligue.
En marque le but. *Mém de Nevers*, t. I, p. 605.

avoit sur la terre quelqu'autorité qui pût légitimer la révolte des sujets contre leur Souverain. Mais telle étoit l'erreur du temps. Instruit de ces scrupules, Matthieu part pour Rome, & n'en rapporte que des promesses générales d'autoriser cette association par une bulle, quand le temps sera plus favorable. Le Duc demande du moins que pour calmer sa conscience le Souverain Pontife lui adresse un bref, qu'il ne montrera à personne. A cette nouvelle proposition, Matthieu revole en Italie & n'en rapporte encore que des lettres de créance & des discours vagues. C'est dans un de ces voyages que le Jésuite écrivoit naïvement au Duc, comme expédient très-sage, un projet criminel que la Ligue chercha toujours à réaliser. *Le Pape*, dit-il, *ne trouve pas bon que l'on attente sur la vie du Roi, car cela ne se peut faire en bonne conscience; mais si on pouvoit se saisir de sa personne & lui donner gens qui le tinssent en bride, & lui donnassent bon conseil & le lui fissent exécuter, on trouveroit bon cela.* Enfin Nevers rebuté de ces tergiversations, alla lui-même à Rome;

Henri III.
1585.

Le Roi se laisse épouvanter.
Cayet, t. I. p. 9.

mais n'y trouvant apparemment pas les sûretés que sa conscience exigeoit, il renonça à la Ligue. La Cour gagna aussi quelques autres Seigneurs, & peut-être par un peu de fermeté auroit-elle dissipé tout le complot, mais c'étoit trop demander à Henri III : la vue du danger lui cacha les ressources.

Au fond, les forces des confédérés étoient plus apparentes que réelles. Ils parloient & écrivoient avec hauteur ; & sans examiner, la Cour avoit la foiblesse de croire que cette fierté étoit inspirée par la puissance. Cependant leurs troupes se réduisoient à environ mille hommes de cavalerie, presque tous gentilshommes des Provinces voisines, prêts à reprendre le chemin de leurs maisons si-tôt que l'argent leur manqueroit. Ils avoient peu d'infanterie, & pour toutes finances environ trois cents mille écus, enlevés des recettes royales, qui une fois épuisées ne devoient se remplir de long-temps. Les troupes étrangeres n'étoient point arrivées, & mille inconvéniens pouvoient les empêcher de percer en France. Ils comptoient à la vérité de leur côté plusieurs

sieurs villes & des plus considérables; mais dans ces villes même, il y avoit un grand nombre de gens sensés, ennemis des troubles & qui n'avoient besoin que d'être appuyés pour faire rentrer les autres dans le devoir. Enfin, au pis-aller, le Roi pouvoit opposer parti à parti, au Duc de Guise chef des Ligueurs, le Roi de Navarre à la tête des Calvinistes. Il hésita; il consulta. C'étoit l'avis de ses meilleurs conseillers; mais il craignit de soulever contre lui par cette conduite tous les Catholiques; & l'appréhension d'un malheur incertain, qui même en cas d'événement n'étoit pas sans remede, lui fit choisir le dernier moyen que doit prendre un Souverain ; celui de traiter avec ses sujets, quand ils ont les armes à la main.

{Henri III. 1585.}

Il pria sa mere de se charger de cette négociation; c'étoit ce qu'elle demandoit. On prétend même qu'elle n'avoit pas été fâchée de voir élever une tempête, parce qu'elle se croyoit trop négligée dans le calme. Pour ne point trouver le Roi d'Espagne contraire, Henri refusa les députés Flamands, qui lui offroient la sou-

{Il prend le plus mauvais parti.}

veraineté de leurs Provinces : complaisance qui ne servit à rien. Philippe persévéra dans ses mauvaises dispositions contre la France ; & forts de sa protection, autant que de la foiblesse du Roi, les Ligueurs n'en devinrent que plus audacieux.

Conférence d'Epernai. La Reine mere s'aboucha donc avec les principaux, à Epernai en Champagne. Soit qu'ils l'eussent épouvantée elle-même par l'ostentation de leurs forces, soit qu'elle inclinât secrétement pour eux, ils n'eurent qu'à demander ; ils n'éprouverent de la part de la négociatrice, ni objections, ni refus. D'ailleurs qu'auroit-elle fait ? Le Roi sembloit s'abandonner lui-même. Il ne levoit point de troupes, il ne prenoit aucunes mesures, en cas que la démarche de la Reine mere ne réussît pas. C'étoit donc une nécessité de tout accorder, pour empêcher du moins les confédérés de pénétrer jusqu'à Paris, d'où ils n'étoient point éloignés.

Traité de Nemours. En effet, il paroît qu'il n'y eut pas grande discussion. Par un traité conclu le sept Juillet à Nemours, où les conférences avoient été transférées, le Roi s'engagea à défendre dans toute l'étendue de son Royaume l'exercice de toute autre religion que de la Romaine, sous peine de mort contre les contrevenants; d'ordonner aux ministres de sortir dans un mois du Royaume, & dans six, aux autres sujets Calvinistes, qui ne voudroient pas changer; de déclarer tous les hérétiques possedant quelques emplois publics, incapables de les exercer, & de casser les chambres mi-parties établies en leur faveur. Il promit de plus de redemander les places de sûreté qu'il leur avoit accordées, & de leur faire la guerre en cas de refus.

Outre ces articles rendus publics par un édit enregistré au Parlement dans un lit de justice tenu le dix-huit Juillet, il y en eut deux autres réputés secrets, bien humiliants pour la souveraineté. Par le premier, Henri s'obligea de payer les troupes étrangeres du Duc de Guise: par le second, de donner à la Ligue, comme autrefois aux Calvinistes, des places de sûreté, à condition que les garnisons seroient payées des deniers du

Henri III.
1585.

Roi. Ces villes étoient Châlons & S. Diziers en Champagne ; Soissons, Rheims, Rue en Picardie ; Dinan & Concarnau en Bretagne, la ville & Citadelle de Dijon, le Château de Beaune, Toul & Verdun.

Crainte qu'il inspire.
Cayet, t. VIII, page, 105.
Lezeau mſ. de Ste. Geneviève.

Ce qui avoit été publié comme le principal motif de la guerre, savoir, les prétentions du Cardinal de Bourbon à la Couronne, ne fut point réglé. Les Ligueurs se contenterent que le Roi le reconnût, non *premier Prince de Sang*, mais *le plus proche* ; tel qu'il étoit en effet en qualité d'oncle du Roi de Navarre. Ainsi on ne statua rien contre le droit de représentation, (avantage que le neveu avoit sur l'oncle en cas que le Trône vînt à vaquer.) Le jeune Bourbon n'en prévit pas moins les peines & les dangers que lui préparoit ce fatal traité de Nemours. *Le Roi de Navarre*, dit l'Historien Matthieu, *parlant un jour au marquis de la Force & à moi, de l'extrême regret que son ame conçut de cette paix, dit que pensant à cela profondément & tenant sa tête appuyée sur sa main, l'appréhension des maux qu'il prévoyoit sur son* parti, *fut telle qu'elle lui blanchit la moitié de la moustache.* Ses ennemis n'étoient pas plus assurés. Le Duc de Guise avoua qu'étant allé à S. Maur saluer le Roi, après le traité de Nemours, lorsqu'il se vit entouré des gardes, à la discrétion de son Souverain, qu'il avoit si cruellement offensé, *il se crut mort & son chapeau étoit porté sur la pointe de ses cheveux.* Ainsi l'ambitieux a dans sa vie des moments d'angoisse, dont tout l'éclat du succès ne peut le garantir.

<small>Henri III. 1585.</small>

Le Duc de Guise avoit obtenu tout ce qu'il pouvoit desirer. Ceux qui prétendent qu'il devoit ne point faire de paix & aller en avant, se trompent. Outre qu'il n'avoit pas beaucoup de troupes, que la faveur des peuples est journaliere, & le sort des armes incertain ; tant que cette guerre auroit duré, il auroit fallu combattre sous le nom du Cardinal de Bourbon, pour des intérêts étrangers & sur son seul crédit ; au lieu qu'en faisant la paix, comme il la fit, il s'assura des villes, des troupes dépendantes de lui seul, de l'argent pour les payer, & un motif de rupture quand il vou-

<small>Combien cette paix fut utile au Duc de Guise.</small>

HENRI III.
1585.

Le Roi de Navarre par condefcendance ne s'y popofe pas
Cayet, t. I, p. 7.

droit le faire valoir, favoir, la fûreté de la religion.

Henri de Navarre avoit prévu ces inconvéniens. Pendant le cours de la négociation, il ne cessa d'avertir Henri III, qu'une guerre même fâcheufe, vaudroit mieux qu'une paix si funefte. Ce n'étoit aussi qu'à regret qu'il avoit confenti de fe tenir dans l'inaction, forcé par les défenfes & les promesses du Roi. Dès le temps de la mort du Duc d'Anjou, le Roi de France adreffa à fon beau-frere une célebre députation, pour l'engager à fe faire Catholique ; plufieurs fois depuis il renouvella fes follicitations. Cette converfion auroit en effet détruit tout d'un coup les projets de la Ligue ; mais le Roi de Navarre refufa conftamment. Le Roi exigea du moins de lui, qu'il refteroit tranquille : & lorfque Bourbon, de Nérac, où il tenoit fa Cour, écrivoit à Valois que l'indolence dans laquelle il le retenoit étoit ruineufe à l'un & à l'autre, & qu'il lui offroit fes fervices perfonnels & des troupes : " laiffez ,, les Guifes porter les premiers coups, ,, lui répondit le foible Henri ; afin

Livre cinquième. 271

„ qu'on ne vous accuſe pas de trou-
„ bler la paix du Royaume, & qu'on
„ voie au contraire que ce ſont eux
„ qui veulent la guerre „. Avec ce
ſyſtême il temporiſa ſi bien, qu'il fut
réduit à la triſte paix de Nemours.

{Henri III. 1585.}

Pour le Roi de Navarre, il fit du moins ce qui lui étoit permis. Il répandit des manifeſtes dans le Royaume, il offrit le duel au Duc de Guiſe, pour épargner le ſang François. Le Duc de Montmorenci, gouverneur du Languedoc, très-bon Catholique, flottoit entre les deux partis; ce Prince vint à bout de lui ouvrir les yeux ſur les terribles conſéquences de la Ligue, & de former avec lui une alliance offenſive & défenſive. L'excès même du danger devint avantageux à ce Roi. Le voyant prêt à être écraſé par une faction formidable, munie déſormais de l'autorité Royale, amis & indifférents lui tendirent la main. Des pays étrangers on lui fit paſſer de petits détachements de ſoldats, en attendant de plus grandes troupes: & le même perſonnage qu'on avoit cru réduit à fuir & à abondonner la partie, ſe vit en état d'attaquer.

{Il prend néanmoins des meſures.}

M 4

Henri III.
1585.

Henri III. se prépare à la guerre contre le Roi de Navarre.

Les choses n'alloient pas si vîte du côté de la Ligue. Outre que le Roi ne se prêtoit pas volontiers à ses desirs; quand il auroit voulu commencer la guerre, il manquoit du moyen le plus nécessaire, l'argent. Après l'enregistrement de l'Edit qui proscrivoit les Calvinistes, il manda au Louvre le premier Président du Parlement de Paris, le Prévôt des Marchands, le Doyen de l'Eglise Cathédrale, auxquels il joignit le Cardinal de Guise.

Il en marque sa répugnance.

,, Je suis charmé, leur dit-il, en les
,, abordant d'un air ironique, d'avoir
,, enfin suivi les bons conseils qu'on
,, m'a donnés & de m'être déterminé,
,, à votre sollicitation, à révoquer le
,, dernier Edit que j'avois fait en fa-
,, veur des Protestants. J'avoue que
,, j'ai eu de la peine à m'y résoudre;
,, non pas que j'aie moins de zele
,, qu'un autre pour les intérêts de la
,, religion; mais parce que l'expérien-
,, ce du passé m'avoit appris que j'al-
,, lois faire une entreprise où je trou-
,, verois des obstacles que je ne croyois
,, pas surmontables; mais puisqu'en-
,, fin le sort en est jetté, j'espere qu'as-

„ sisté des secours & des conseils de
„ tant de braves gens, je pourrai ter-
„ miner heureusement une guerre si
„ considérable.

„ Pour l'entreprendre & la finir
„ avec honneur, j'ai besoin de trois
„ armées. L'une restera auprès de
„ moi : j'enverrai l'autre en Guyen-
„ ne, & la troisieme, je la destine
„ à marcher sur la frontiere, pour
„ empêcher les Allemands d'en-
„ trer en France. Car quoiqu'on puis-
„ se dire au contraire, il est certain
„ qu'ils se disposent à venir nous voir.
„ J'ai toujours cru qu'il étoit dange-
„ reux de révoquer le dernier Edit,
„ & depuis que la guerre est résolue,
„ j'y vois encore plus de dif-
„ ficultés, & c'est à quoi il faut pour-
„ voir de bonne heure ; car il ne sera
„ pas temps d'y penser, quand l'en-
„ nemi sera à vos portes, & que de
„ vos fenêtres vous verrez brûler vos
„ métairies & vos moulins, com-
„ me cela est déja arrivé autrefois.
„ C'est contre mon avis que j'ai en-
„ trepris cette guerre ; mais n'impor-
„ te, je suis résolu à n'épargner ni
„ soins ni dépense pour qu'elle réus-

« fisse : & puisque vous n'avez pas vou-
« lu me croire, lorsque je vous ai
« conseillé de ne point penser à rom-
« pre la paix, il est juste du moins
« que vous m'aidiez à faire la guer-
« re. Comme ce n'est que par vos
« conseils que je l'ai entreprise, je
« ne prétends pas être le seul à en
« porter tout le faix.

Puis se tournant vers M. de Harlai : « M. le premier Président, lui
« dit-il, je loue votre zele & celui de
« vos collegues, qui ont si fort ap-
« prouvé la révocation de l'Edit, &
« m'ont exhorté si vivement à pren-
« dre en main la défense de la re-
« ligion ; mais aussi je veux bien
« qu'ils sachent, que la guerre ne se
« fait pas sans argent & que tant
« que celle-ci durera, c'est en vain
« qu'ils viendront me rompre la tê-
« te au sujet de la suppression de leurs
« gages. Pour vous, ajouta-t-il, M.
« le Prévôt des Marchands, vous de-
« vez être persuadé que je n'en ferai
« pas moins à l'égard des rentes de
« l'Hôtel de Ville. Ainsi assemblez ce
« matin les Bourgeois de ma bonne
« Ville de Paris, & leur déclarez que,

„ puisque la révocation de l'Edit
„ leur a fait tant de plaisir, j'espere
„ qu'ils ne seront pas fâchés de me
„ fournir deux cents mille écus d'or,
„ dont j'ai besoin pour cette guerre ;
„ car, de compte fait, je trouve que
„ la dépense montera à quatre cents
„ mille écus par mois.

„ Ensuite s'adressant au Cardinal de
„ Guise : vous voyez, Monsieur, lui
„ dit-il d'un air irrité, que je m'arran-
„ ge, & que de mes revenus, joint à
„ ce que je tirerai des particuliers, je
„ puis espérer fournir, pendant le pre-
„ mier mois, à l'entretien de cette
„ guerre : c'est à vous d'avoir soin que
„ le Clergé fasse le reste ; car je ne pré-
„ tends pas être seul chargé de ce far-
„ deau, ni me ruiner pour cela. Et ne
„ vous imaginez pas que j'attende le
„ consentement du Pape. Car, com-
„ me il s'agit d'une guerre de religion,
„ je suis très-persuadé que je puis
„ en conscience, & que je dois mê-
„ me me servir des revenus de l'Eglise
„ & je ne m'en ferai aucun scrupule.
„ C'est sur-tout à la sollicitation du
„ Clergé que je suis chargé de cette
„ entreprise : c'est une guerre sain-

M 6

HENRI III.
1585.

„ te, ainsi c'est au Clergé à la sou-
„ tenir.

Tous vouloient repliquer & faire des remontrances ; mais le Roi les interrompit brusquement. " Il falloit „ donc m'en croire, leur dit-il d'un „ ton altéré, & conserver la paix „ plutôt que de se mêler de décider „ la guerre, dans une boutique, ou „ dans un chœur ; j'appréhende fort „ que pensant détruire le Prêche, „ nous ne mettions la Messe en grand „ danger. Au reste, il est question „ d'effets & non de paroles „. Après ces mots, il se retira, laissant confus & en désordre, dit Davila, tous ceux à la bourse desquels il venoit de déclarer la guerre.

Les Ligueurs n'en deviennent que plus hardis.

Cette harangue, selon la remarque de l'Historien de Thou, n'aboutit qu'à faire connoître les sentiments secrets de Henri. Il en devint plus odieux aux Catholiques zélés, qui vouloient la guerre, & plus méprisable aux Princes Lorrains, qui étoient l'ame de l'entreprise. *Quand ils eurent une fois compris que ce Prince étoit assez foible pour souffrir impunément qu'on fît vio-*

lence à son autorité, il n'y eut rien qu'ils n'osassent dans la suite.

Il sembloit que le Roi travaillât lui-même à leur inspirer de l'audace, par des déférences qui marquoient plutôt de la foiblesse que des égards. Avant que de mettre en campagne les différents corps qu'il destinoit contre les Huguenots, il envoya consulter le Duc de Guise, sur les Chefs qu'il leur donneroit, & lui offrir le choix. Guise prit le Commandement de celui qui devoit repousser les Allemands de la frontiere, parce que cette commission l'éloignoit moins de la Cour & qu'elle lui promettoit des succès plus éclatants. Il confia au Duc de Mayenne l'armée qui devoit aller en Guyenne, contre les Bourbons.

Le Roi me des troupes sur pied.

Elle fut la premiere prête. Henri la fit précéder par une députation singuliere de Théologiens, de Jurisconsultes & de politiques, pour faire un dernier effort sur le Roi de Navarre, ce qui donna lieu au bon mot de la Duchesse d'Uzès : *Il faudra bien qu'il se convertisse, s'il ne veut pas mourir sans contrition, puisqu'à*

Bon mot de la Duchesse d'Uzès.

la suite des confesseurs viennent les bourreaux.

Quelqu'efficace que dût être cette mission, les Docteurs ne réussirent point à convaincre le Roi de Navarre, ni à fléchir une ame généreuse, qui ne vouloit pas être amenée par force à la Religion ; les Jurisconsultes n'eurent pas davantage le talent de persuader à Bourbon qu'il devoit se laisser prévenir par les Ligueurs, afin de les mettre dans leur tort, & en vain les politiques se réduisirent à lui demander une conférence avec la Reine mere, & qu'en attendant il suspendît les hostilités & sur-tout la marche des Allemands, qui s'avançoient à son secours ; il fut inflexible & se mit en campagne. Ainsi commença la guerre dite *des trois Henri* ; savoir Henri III à la tête des Royalistes, Henri de Guise chef des Ligueurs, & Henri de Navarre chef des Calvinistes.

Ce fut d'abord un tourbillon qui ravage, & un torrent qui entraîne. Bourbon, en moins de deux mois, par lui-même ou par ses Lieutenants, ajouta au Languedoc, déja soumis

Henri III.
1585.
Neuvieme guerre dite des trois Henri.

Exploits rapides du Roi de Navarre.

Livre cinquieme.

par un traité, la plus grande partie de la Guyenne, du Dauphiné, de la Saintonge, du Poitou; & ses armées pénétrerent jusqu'en Anjou, sous le commandement du Prince de Condé. A la vérité elles n'y furent point heureuses, par l'imprudence du chef. Sans places de retraite, sans pont sur la Loire, il osa passer cette grande riviere & se jeter dans le pays ennemi : les Communes rassemblées au son du tocsin, suffirent presque seules pour détruire une armée florissante. Elle fut contrainte de se disperser. Condé lui onzieme se sauva en Angleterre. Mais destiné à tirer toujours avantage de ses disgraces, on le revit quelque temps après à la tête d'une petite flotte, descendre à la Rochelle avec des troupes & de l'argent qu'Elizabeth lui prêta, & procurer à son parti des succès qui firent oublier sa défaite.

HENRI III.
1585.

Une telle rapidité de conquêtes effraya la Ligue; elle s'en prit au Roi, dont la coupable connivence étoit cause, disoit-on, que les Sectaires triomphoient, pendant que l'armée du Duc de Mayenne & les autres corps Ca-

La Ligue a recours au Pape.

tholiques dépourvus de tout & divisés d'opinions, n'osoient paroître en campagne. On résolut d'ôter à Henri la ressource de ces subterfuges secrets, ruineux pour le parti, & de le forcer à une conduite décidée. Rien ne parut plus propre à cet effet, qu'un coup d'éclat de la part du saint Siege, qui, déclarant les Bourbons excommuniés, lieroit les mains à leurs plus zélés partisans, au Roi lui-même, en lui faisant craindre d'être frappé du même foudre. Il ne fut plus question que d'obtenir cette bulle de Rome, & l'infatigable Jésuite Matthieu partit pour la solliciter.

Le saint siege n'étoit plus occupé par Grégoire XIII, Pontife pieux & savant, mais plus théologien que politique, qui n'appercevant dans la sainte union que ce qu'on lui faisoit voir, la croyoit nécessaire au soutien de la religion Catholique en France. Sixte V, son successeur, montant sur le trône pontifical, avec des prétentions trop bien fondées contre l'avidité Espagnole, fut éclairé par ces mêmes préventions, sur les vrais motifs de la Ligue. Le Duc de Nevers qui étoit

Dispositions de la Cour de Rome.
Mém. de Nevers, t. II, p. 605.

Livre cinquieme.

allé le consulter, pour savoir s'il persisteroit dans ce parti, dit qu'il trouva ce Pape très-instruit des affaires de France, qu'il l'entendit plusieurs fois plaindre le Roi, condamner les factieux & gémir sur le sort du Royaume (*a*).

Mais il faut apparemment distinguer dans Sixte V, le particulier, qui juge des choses sans intérêt, d'avec l'homme public obligé de sacrifier ses propres idées à la nécessité des circonstances ; car, malgré son attachement au Roi, non-seulement le Pape donna cette bulle dont il prévoyoit les fâcheuses conséquences, mais encore il la soutint avec une hauteur & une opiniâtreté que le foible Henri III étoit seul capable de souffrir.

Après un préambule dans lequel Sixte relevoit en termes emphatiques les prérogatives de son siege, il faisoit l'histoire des variations des deux Bourbons, qui, élevés d'abord dans

HENRI III.
1585.

Sixte V fulmine une bulle contre le Roi de Navarre.

Ce qu'elle contenoit.

(*a*) Il refusa le secours d'hommes & d'argent que Grégoire XIII avoit promis à la Ligue. L'ambassadeur d'Espagne le menaçant, s'il persistoit dans son refus, de le sommer au nom de tous les Catholiques, le fier Sixte lui répondit : *Si vous me faites cette sommation, je vous ferai trancher la tête.* Note sur la Sat. Menipée page 84.

l'héréſie de Calvin, l'avoient abjuré ſous Charles IX, & par légéreté, ou par malice, étoient revenus aux mêmes erreurs. En conſéquence il les traitoit d'hérétiques relaps, d'ennemis de Dieu & de la religion, & comme tels, il les déclaroit déchus de tous les droits & prérogatives de Princes du ſang, indignes de ſuccéder jamais à la couronne, de poſſéder aucunes principautés. Il déclaroit auſſi les ſujets du Roi de Navarre abſous du ſerment de fidélité, exhortoit le Roi très-chrétien, en vertu du ſerment fait à ſon ſacre, de veiller à l'exécution de cette ſentence, & mandoit à tous les Evêques & Archevêques de la faire publier dans leurs dioceſes.

Elle parut & ſe répandit avec la plus grande rapidité, vantée par les Ligueurs, dans les converſations, louée en chaire par des alluſions claires, quoiqu'indirectes; mais elle ne fut point revêtue des formalités qui donnent en France de l'autorité à ces ſortes de décrets. Henri, qui auroit dû la ſupprimer, fit comme s'il l'ignoroit. Il ſe contenta de faire quelques

Elle ſe répandit, mais ſans forme légale.

Livre cinquieme. 283

représentations au Pape & quelques tentatives pour suspendre l'arrivée d'un Nonce, dont les intentions secrettes lui étoient suspectes. Sixte tint ferme, le Nonce vint; mais soit qu'il fût naturellement doux, soit que ses instructions particulieres lui prescrivissent d'aller bride en main, il mit dans sa conduite plus de modération qu'on n'en avoit espéré.

Les Bourbons ne furent pas si patients. Bravant le Pape jusques sur son trône, ils firent afficher aux portes du Vatican une protestation contre sa Sentence. Ils y disoient: Qu'en les traitant d'hérétiques, Sixte se disant Pape, en avoit menti: que c'étoit lui-même qu'on devoit regarder comme hérétique: qu'on le lui montreroit dans un Concile: qu'en attendant ils le tenoient pour excommunié & Antechrist, & qu'ils lui déclaroient en cette qualité une guerre mortelle & irréconciliable, se réservant le droit de punir en lui ou en ses successeurs l'affront qu'il venoit de faire à la Majesté Royale. Ils appelloient comme d'abus de sa sentence au tribunal des Pairs, dont ils étoient membres, &

HENRI III.
1585.

Les Bourbons en appellent.

Henri III.
1585.

ils invitoient tous les Rois, Princes & Républiques de la chrétienté à se joindre à eux, pour châtier la témérité de Sixte & des autres brouillons.

Ce qu'on en pense à Rome.

Sans doute on n'étoit point accoutumé à Rome à être contredit, puisque la hardiesse des Princes y causa le plus grand étonnement. Néanmoins quelques personnes sensées, Sixte, dit-on, entr'autres, tirerent de cette audace un bon augure pour le Roi de Navarre, & l'en estimerent davantage.

Edit du Roi de Navarre.

Ce Prince finit l'année par un autre coup de vigueur, non moins frappant. A force d'importunité, les Ligueurs outrés du succès des Calvinistes avoient arraché à Henri III un Edit qui restreignoit à quinze jours les deux mois qui restoient des six accordés par l'Edit de Juillet aux Religionnaires, pour sortir du Royaume. Non-seulement Bourbon défendit d'obéir à cet Edit dans les Provinces de ses conquêtes : mais il y confisqua les biens des Catholiques, & les vendit pour les frais de la guerre.

L'année s'ouvrit par plusieurs lettres que le Roi de Navarre adreſſa à tous les ordres du Royaume. On les croit de la plume de Mornay, qui avoit le talent de faire parler ſon maître d'une maniere conforme à ſon caractere héroïque. Henri dans ces lettres ne s'abaiſſe ni ne ſupplie : il montre au Clergé ſéduit les ruſes des Princes Lorrains qui font ſervir à leur ambition le zele & l'argent des Catholiques. *Je ne crains, dit-il, & Dieu le ſait, le mal qui me peut advenir, ni de vos deniers, ni de leurs armées ; mais je gémis ſur le ſort d'un million d'innocents, que la guerre civile va faire périr.* Il exhorte le peuple à la paix, en faiſant voir que c'eſt ſur lui que tombera le poids des impôts. Il tâche enfin d'exciter dans la nobleſſe l'attendriſſement qu'il éprouvoit luimême. *Les Princes François, leur dit-il, ſont les Chefs de la nobleſſe... je vous aime tous... je me ſens périr & affoiblir en votre ſang. L'étranger ne peut avoir ces ſentiments.* Plein d'une ardeur martiale, tempérée par l'amour de la concorde, en finiſſant, il propoſe à ſes ennemis l'aſſem-

Henri III.
1586.
Ses maniſeſtes.
De Thou.
l. LXXXV.
Davila,
liv. VIII.
Mém. de la
Ligue, *t. I.*

blée des Etats, un Concile ou le duel.

Henri III soupçonné de connivence.

Sous un pareil chef, de petits corps valoient des armées. Avec peu de troupes, mais toutes animées de son esprit, il prit des places fortes, subjugua des Provinces, rendit inutile l'armée du Duc de Mayenne, & fit des exploits si étonnants, que les soupçons de connivence entre lui & le Roi de France se renouvellerent plus que jamais. Henri III embarrassé de cette imputation, qui alloit à lui ôter tout crédit auprès de son peuple, crut la faire tomber en donnant en Avril un Edit plus sévere contre les Calvinistes.

Leve deux nouvelles armées & de l'argent.

En même temps il mit sur pied deux armées, dont il destina le commandement à ses favoris, afin que les Ligueurs ne fussent pas maîtres de toutes les forces du Royaume. Il crut par ces préliminaires avoir gagné la confiance des Catholiques, au point d'obtenir sur le champ l'argent qu'il demandoit ; mais le Parlement refusa d'enregistrer ses Edits bursaux. *Suivant la mauvaise coutume, qui commençoit à s'introduire*, dit le Président de Thou, *le Monarque vint tenir son lit de justice & les fit enregistrer de son autorité Royale.*

On savoit malheureusement l'usage que le Prince faisoit de ces sommes arrachées à la misere du peuple, & prodiguées sans discrétion à Joyeuse & à Epernon, favoris avides, dont la cupidité étoit moins excitée par le besoin que par l'envie de se procurer une plus haute réputation de faveur, en accumulant un plus grand nombre de graces. Ils se disputoient les emplois & les Gouvernements ; & celui qui, prévenu par l'autre, n'emportoit que les moindres, obtenoit de l'argent en compensation : ainsi le Roi étoit toujours pauvre, pendant que tous ceux qui l'environnoient regorgeoient de richesses.

Les Ligueurs profitoient de l'indignation générale contre le luxe des Mignons, pour fortifier la haine des peuples contre le Roi. Bourbon plus retenu, loin de divulguer dans des écrits amers les foiblesses de son Prince, le couvroit d'un voile respectueux. Ces égards lui gagnoient l'estime des courtisans dont il étoit plaint;

HENRI III.
1586.

Il emploie mal l'un & l'autre.

Le Roi de Navarre a recours à l'étranger.

mais ils n'en alloient pas moins grossir les armées levées contre lui.

Sentant combien le nom du Roi & l'attachement du plus grand nombre des François à la Religion de leurs peres lui laissoit peu de ressource auprès d'eux, Bourbon appella sous ses drapeaux tout ce qu'il put d'étrangers. Le succès passa peut-être ses espérances, puisque des nations en corps, non contentes de lui envoyer des secours secrets, firent en sa faveur des démarches publiques.

Ambassade des Suisses à Henri III.

Les Calvinistes si menacés en France, n'avoient pas manqué de jetter des cris, qui retentissant dans les pays voisins, mirent en mouvement tous les esprits prévenus des mêmes opinions. Les premiers qui parurent prendre part aux craintes des réformés, furent les Suisses; mais ils agirent d'une maniere qui ne montroit ni envie de troubler, ni haine contre le Roi. Leurs Ambassadeurs présenterent à Henri III des lettres de François I son Aïeul, par lesquelles ce Prince leur ami, les exhortoit à ne pas rompre, pour des différents de Religion, la paix qui jusqu'alors avoit

Livre cinquieme.

avoit regné entre eux. Cette maniere indirecte de faire des remontrances, ne déplut pas au Roi. Il les remercia & leur dit de compter sur son attention à entretenir l'amitié de ses alliés, & la tranquillité dans l'intérieur de son Royaume.

Les Allemands ne s'y prirent pas de même. Les sollicitations du Roi de Navarre & de ses partisans avoient eu bien de la peine à émouvoir ces esprits quelquefois si lents, refroidis d'ailleurs par tant d'alternatives de guerre & de paix, dans lesquelles les Allemands auxiliaires avoient toujours été sacrifiés à l'intérêt des chefs François. Ainsi les agents des Bourbon ne trouvoient qu'indifférence dans les grands, indolence dans les petits. Les Princes n'empêchoient point de faire des levées ; mais, par défaut d'argent, elles alloient très-lentement.

Le zele, quel qu'en soit le principe, supplée à tout. Beze ce fameux ministre, dont l'éloquence avoit brillé au colloque de Poissi, part de Geneve ; quoique dans un âge avancé, il parcourt l'Allemagne, harangue

Tome II.   N

Henri III. 1586.

Espece de croisade d'Allemands contre les Ligueurs.

les peuples, conjure les Princes, souffle dans les cœurs le feu dont il est brûlé. Les plus assoupis se réveillent à sa voix, ces masses, que l'indifférence tenoit engourdies, se raniment. Il se forme une espece de croisade, & on prend les armes de tous côtés.

Cependant, comme on étoit en paix avec la France, les Princes sentirent qu'il seroit indécent d'entreprendre la guerre contre un allié, sans avoir auparavant observé les égards convenables. Ils préparerent donc une magnifique ambassade. A la tête marchoient Frideric de Virtemberg comte de Montbéliard, & Volfang comte d'Isembourg. Les autres députés étoient tous personnages de marque. Ils arriverent à Paris dans le mois d'Août; & quoiqu'annoncés, ils n'y trouverent point le Roi.

Il étoit parti pour le Bourbonnois avec la Reine sa femme, sous deux prétextes: le premier d'y prendre les bains, dans l'espérance d'avoir des enfants; le second de s'approcher de ses armées, qui s'assembloient de ce côté, sous les ordres, l'une de Joyeuse, l'autre d'Epernon, ses deux favoris,

Livre cinquieme. 291

& d'en diriger plus aisément les opérations. Tels furent les motifs d'éloignement que dirent aux Ambassadeurs les Officiers chargés de les recevoir. Ils promirent que Henri reviendroit en Octobre & qu'il leur donneroit audience ; mais les historiens conviennent assez généralement que le Roi ne se décida à ce voyage, qu'afin d'éviter ces mêmes ambassadeurs, & de n'être point forcé à leur donner réponse avant que d'avoir vu ce que produiroit une conférence qui se ménageoit entre le Roi de Navarre & la Reine mere.

Il fixa son séjour à Lyon, pendant cette attente. A le voir dans cette ville oublier ses affaires, s'occuper gravement de bagatelles, on auroit cru que dégoûté de la royauté, il ne cherchoit qu'à s'étourdir sur le péril de son état. Il lui prit non pas un goût, mais une passion violente pour les petits chiens, les singes & les perroquets, qu'il payoit des sommes exorbitantes : outre ce que lui coûtoit une multitude d'hommes & de femmes, chargés, moyennant de gros appointemens, de la nourriture de ces ani-

Henri III.
1586.

Ses amusemens puériles à Lyon.

N 2

maux. Une autre manie le faisit encore ; il recherchoit avec avidité les miniatures, qui se trouvoient dans les anciens manuscrits de dévotion, les achetoit très-cher & les colloit lui-même aux murailles de sa chapelle ; *caractere d'esprit incomprehensible!* dit de Thou ; *en certaines choses capable de soutenir son rang, en quelques-unes au dessus de sa dignité, en d'autres au dessous même de l'enfance.*

Quelque doux que fussent au Roi ces amusements, le temps vint de les quitter, faute de prétexte pour les prolonger. Il retourna à Paris & donna audience aux Allemands. Les deux Princes chefs de l'ambassade étoient repartis presqu'en arrivant, ne croyant pas qu'il fût de leur dignité d'attendre si long-temps. Les autres Ambassadeurs présenterent leurs lettres de créance. Conformément à leurs instructions, ils s'appliquerent à justifier les Calvinistes de France, qu'ils appelloient leurs freres, prétendant que c'étoit à tort que le Roi les déclaroit dans ses Edits, auteurs de la guerre; pendant qu'au contraire cette guerre étoit l'ouvrage de la Cour de Rome

---

HENRI III.
1586.

Il revient à Paris & donne audience aux ambassadeurs.
De Thou, l. LXXXVI. Davila, liv. VIII. Mém. de la Ligue, t. I.

Livre cinquieme. - 293

& de ses adhérents. Ils finissoient par offrir au Roi du secours, non, disoient-ils, dans l'intention de se mêler de ses affaires, mais pour le délivrer de ses ennemis.

Un point de leur harangue choqua le Roi; c'est qu'ils lui reprocherent plus clairement qu'il n'auroit voulu, & même que le respect dû à sa personne ne comportoit, qu'il avoit manqué à sa parole & violé sa foi, en révoquant les Edits de pacification. Il leur répondit fiérement qu'il pourvoiroit à tout selon sa prudence, qu'à lui seul appartenoit le droit de faire des loix & de les changer, & qu'il n'en avoit à recevoir de personne. Pendant toute l'audience Henri soutint dignement l'indépendance de sa couronne. Croyant même n'en avoir pas assez dit de vive voix, il envoya le soir aux Ambassadeurs un écrit tout de sa main, en forme de cartel. Quiconque, y disoit-il, prétend qu'en révoquant les Edits de pacification, j'ai violé ma foi & fait une tache à mon honneur, en a menti; mais mêlant toujours de la foiblesse à ses démarches les plus fermes, le Roi ne

Henri III. 1586.

Leur hauteur choque le Roi qui les mécontente.

Henri III.
1586.

Et ses projets d'accommodement choque la Ligue.

voulut permettre, ni qu'on leur laissât l'écrit, ni qu'on en donnât copie. Ils partirent très-mécontents, se regardant comme insultés, & déterminés à ne point tarder de secourir le Roi de Navarre.

C'étoit le sort de Henri de se brouiller avec un parti, sans rien gagner avec l'autre : à la vérité il y avoit des personnes intéressées à lui ôter l'honneur de ses démarches les plus favorables au soutien de la cause catholique; mais y auroient-elles réussi, s'il n'avoit, pour ainsi dire, aidé lui-même leur malice par une conduite pleine d'ambiguité? Sur les pressantes instances des Catholiques zélés, il avoit donné des Edits violents contre les Réformés. Il tenoit actuellement plusieurs armées sur pied contre eux, & il ménageoit une conférence entre sa mere & le Roi de Navarre; & cependant les Catholiques ne pouvoient se persuader que le but de cette entrevue fût d'amener Bourbon à la Religion Romaine; chose jusqu'alors si souvent & si inutilement tentée. C'est donc, concluoient les Ligueurs, pour faire une suspension d'armes ou

quelque nouveau traité, dont les sectaires auront encore tout l'avantage,
& à l'abri duquel ils se fortifieront en
France; malheur le plus grand qui
pût arriver, & dont la crainte seule
étoit capable, à leur avis, de légitimer les moyens extrêmes qu'on prendroit pour le prévenir.

D'après ces principes, dans une as- *Les chefs*
semblée tenue à Orcamp, Abbaye du *dans l'assem-*
Cardinal de Guise, les Ligueurs réso- *camp, se dé-*
lurent de prendre les armes & de ne *pousser la*
les point quitter, par quelqu'ordre *guerre à tou-*
que ce fût, qu'ils n'eussent détruit ou *te outrance.*
chassé de France les hérétiques, jus-
qu'au dernier. En conséquence, le
Duc de Guise, qui s'étoit toute l'année morfondu sur la frontière à attendre les Allemands qui ne parurent
pas, profita de l'arriere-saison pour
tomber sur les Etats du Duc de Bouillon, qu'on crut pouvoir dépouiller
comme Calviniste, mais encore plus
comme voisin de la Lorraine, qui
s'accroîtroit de ses pertes. Le Duc de
Mayenne se ranima aussi, & eut quelques avantages, dont on fit courir
des relations imposantes. En même
temps, par d'autres écrits, on au-

gmenta les ombrages que prenoient les Catholiques de la conférence entamée dans le mois de Décembre entre la Reine mere & le Roi de Navarre, à Saint-Bris, château de l'Angoumois près de Cognac.

Ceux qui connoissoient les dispositions secrettes des acteurs de la conférence, durent en prévoir l'issue. La Reine mere n'aimoit point son gendre; le gendre avoit été averti de se défier de sa belle-mere. Les Historiens ne marquent point les causes de cette désunion. Si on vouloit en donner une raison politique, on la trouveroit dans un mot échappé à Catherine. *Elle auroit fort souhaité*, dit Brantôme, *l'abolition de la loi salique, pour que sa fille, épouse du Duc de Lorraine, régnât; & à ce propos elle racontoit avec complaisance qu'aux conférences de Cercamp, pour la paix, le Cardinal de Granvelle rabroua fort le Cardinal de Lorraine, lui disant que c'étoient de vrais abus que notre loi salique.* Voyant donc le Roi son fils sans enfants, & la branche masculine des Valois prête à finir, Catherine se sentoit de l'éloignement pour Bour-

---

HENRI III.
1587.

Conférence de Saint-Bris: instances de la Reine mere.
Mém. de la Ligue, t. II.
Matthieu, liv. VIII.
Mém. de Nevers, t. II.
Journ. de Henri III, tome III.
Brantôme, tome I.
Sulli, p. 258.
Pasquier, liv. XI. lett. XII.

bon, que la loi salique appelloit au Trône, au préjudice de la ligne féminine. Voici donc, autant qu'on peut le conjecturer, quel étoit son système par rapport à la Ligue : elle n'auroit pas voulu que cette faction eût réussi pendant la vie de son fils ; mais elle auroit été charmée de lui voir prendre assez de force pour éloigner Bourbon, quand Valois viendroit à mourir, afin de pouvoir mettre la couronne sur la tête des enfants de sa fille.

 Le Roi de Navarre, au contraire, desiroit que la Ligue éclatât sous un Roi d'un catholicisme non équivoque, afin qu'on sentît mieux le but du complot : il n'avoit garde non plus de laisser refroidir, en temporisant, le zele de ses alliés, de peur de ne les plus trouver au besoin ; ainsi les intérêts des agents étoient directement opposés. Bourbon n'avoit de choix qu'entre la guerre actuelle, ou des sûretés à l'abri de tout événement; comme auroit été un traité entre les deux Rois, par lequel ils se seroient engagés de ne point mettre les armes bas qu'ils n'eussent détruit la Ligue.

HENRI III.
1587.

Intentions du Roi de Navarre.

La Reine ne vouloit que des arrangements de précaution, treves, promesses, projets, pour-parlers, entrevues, enfin tout ce qui pouvoit tirer en longueur, sans décider; mais elle trouva son gendre en garde contre ses ruses, plus ferme même qu'elle n'avoit pensé, contre un appas auquel ce Prince n'étoit ordinairement que trop sensible.

Piege séduisant qu'on lui tend en vain.

Catherine avoit amené avec elle ses dames de compagnie, troupe brillante, dont elle espéroit sans doute quelque facilité à ses desseins. Bourbon connut l'adresse, & lui fit même sentir qu'il n'en étoit pas dupe. Piquée un jour de voir toutes ses propositions refusées, la Reine lui dit d'un air de dépit : *Que voulez-vous donc, Monsieur ? Il n'y a rien ici qui m'accommode, Madame,* lui répondit-il, en parcourant des yeux le cercle brillant qui l'environnoit.

Entre ces dames étoit Christine, qui avoit pour mere Claude de France, femme du Duc de Lorraine, fille ainée de la Reine, Princesse aimable, élevée avec soin à la Cour de France par son aïeule, & joignant aux agréments de la figure des vertus dignes de son rang. Catherine proposa à Bourbon de faire casser son mariage avec la méprisable Marguerite, & de lui donner la jeune Christine ; nouvelle preuve de l'extrême desir qu'avoit la Reine mere de voir sa postérité assise sur le Trône de France.

HENR III.
1587.

Comme cet expédient, & beaucoup d'autres mis en avant, demandoient des délais, ils furent tous également rejetés. On s'étudioit, on s'observoit, on supposoit quelque finesse dans les moindres choses : les plus simples devenoient matiere à soupçon, & avec raison, parce qu'il y avoit des gens attentifs à profiter de tout pour semer des défiances. Le Roi de Navarre étoit obligé d'agir avec la plus grande circonspection, au point de n'oser consentir à une treve pendant la tenue des conférences.

Grandes précautions qu'il est obligé de prendre.

La Reine en avoit cependant fait publier une ; Bourbon s'en plaignit comme d'une ruse imaginée, pour ralentir l'ardeur des Allemands, & refusa de conférer davantage, si on

Trait cruel de la Reine mere.
Brantôme, tome I.

ne révoquoit la publication. *Vraiment*, dit la Reine à son Conseil, que cet incident embarrassoit, *vous êtes bien esbahis sur ce remede ; vous avez à Maillezais le régiment de Neusvy & de Sarlu, huguenots, faites-moi partir de Nyort le plus d'arquebusiers que vous pourrez, & allez les tailler en pieces, & voilà aussi-tôt la treve desserrée & décousue sans autrement se peiner.* Ils se défendirent courageusement quoique surpris ; les Officiers se firent presque tous tuer, & il y eut un grand carnage de soldats. Affreuse politique, qui dispose si froidement de la vie des hommes !

Cette inhumanité ne servit à rien. Bourbon refusa d'aller à la Cour, encore plus de suspendre la marche des Allemands ; il offrit seulement de faire entrer l'armée auxiliaire en France sous le nom du Roi, & de l'employer de concert avec lui contre les perturbateurs du repos public : il fut refusé à son tour, & on se sépara.

Henri III, homme à s'accommoder de toutes sortes d'expédients, pourvu qu'ils lui donnassent le temps de respirer, se trouva très-embarrassé,

Livre cinquieme. 301

quand il se vit comme dans un détroit, entre la nécessité de se joindre aux ligueurs pour abattre les huguenots, ou aux huguenots pour détruire les Ligueurs, ou enfin de soutenir seul la guerre contre tous les deux. Il fit sonder le Duc de Guise, & tâcha de l'éblouir par des promesses d'honneurs, de richesses & de dignités de toutes especes, s'il vouloit renoncer à la Ligue; mais le Monarque n'avoit pas le talent d'inspirer de la confiance. Ce que Guise auroit peut-être accepté de la main d'un autre, plutôt que de s'exposer aux suites périlleuses d'une entreprise aussi téméraire que la sienne, il le refusa du Roi, qui avoit la réputation de ne point tenir à sa parole.

Les Calvinistes de leur côté lui tendirent un piege. La Noue, au nom de son parti, lui proposa de s'unir à eux contre Henri III, pour en arracher tout ce qu'ils voudroient. Ils proposoient de ne point parler de religion dans leurs manifestes, & de prendre pour prétexte commun le bien public & la réformation de l'Etat contre les Mignons. Guise rejeta une

HENRI III.
1587.
Journal de Henri III, tome III. Cayet.

Les Calvinistes lui en font aussi.
Mémoires de Tavannes, p. 164.

association qui ne lui donnoit que des espérances, pendant qu'avec la machine de la religion il remuoit tout le Royaume, & qu'il avoit pour lui le Pape & les *doublons d'Espagne :* aussi ne croit-on pas que cette proposition fût sérieuse de la part des Réformés. On la rapporte seulement, pour faire voir que dans les guerres civiles, il y a souvent entre les ennemis les plus acharnés des intelligences secrettes, qui peuvent en un moment changer la face des affaires.

Le Roi se défioit avec raison de ces correspondances clandestines. Dans sa Cour & dans son Conseil, les attachements étoient divers comme les opinions. Joyeuse, un des Mignons; Villeroi, un des principaux Ministres; la Reine mere, beaucoup de Seigneurs, penchoient pour la Ligue: Epernon, autre favori, & tous ceux que les prétentions audacieuses du Duc de Guise révoltoient, favorisoient les Bourbons.

Il seroit impossible d'exposer les motifs qui déterminoient chaque particulier à embrasser un parti plutôt que l'autre. Intérêts de famille, liai-

Livre cinquieme. 303

sons d'amitié, ambition, soif des richesses, envie de se signaler, haines personnelles, desirs de vengeance, enfin tout ce qui peut remuer les cœurs & subjuguer les esprits, étoit souvent, beaucoup plus que l'amour de la patrie & de la religion, la vraie cause des attachements ; de sorte qu'il n'étoit pas extraordinaire de voir un Calviniste partisan de la ligue, & un Catholique ennemi des ligueurs ; le premier, uni à la faction, sans être ami des Guises ; le second, contraire à la sainte union sans penchant pour le Roi de Navarre : l'un, suivant la générosité de son caractere, affectionnoit les Bourbons, comme braves & malheureux ; l'autre, amateur de l'intrigue, se passionnoit pour le Duc de Guise, dont les rares talents promettoient une révolution : très-peu étoient sincérement dévoués au Roi.

Se présentoit-il une affaire dans le Conseil ? il étoit obligé, avant que d'embrasser un avis, d'en pénétrer le motif, de voir si la différence de sentiments ne venoit pas de rivalité plutôt que de zele pour le bien. Plus d'une fois il fut réduit à interposer

Henri III.
1587.

Le Roi ne sait à qui se fier.

son autorité, pour faire cesser les querelles scandaleuses entre Ministres & Courtisans ; querelles élevées en sa présence, au mépris de sa dignité, & qui dégénéroient en reproches amers & en invectives. Pareille défiance l'empêchoit de donner son secret tout entier à ceux qu'il mettoit à la tête de ses armées : Prince malheureux, qui, avec de la religion, ne put se faire aimer des Catholiques ; avec un grand fond de bonté, fut haï de ses peuples ; fut méprisé de la noblesse, avec de la bravoure, & avec de la générosité, fut trahi de ses Courtisans les plus chéris, tout cela pour n'avoir jamais su, en se décidant, décider les autres, & les ramener par sa fermeté au devoir & à la fidélité.

Il ne fait que luter d'adresse avec les rebelles.

Ce qu'on a vu jusqu'à présent de sa trop grande bonté, prépare certainement à des épreuves de patience bien extraordinaires dans un Souverain, mais encore moins étonnantes que celles qui nous restent à raconter. Henri seul étoit capable d'observer de sang-froid les attentats de ses Sujets rebelles, d'opposer ruse à ruse, de ne les déconcerter qu'en faisant voir qu'il étoit inftruit, fans jamais punir, de tirer vanité de la furprife & de la confufion que les mefures fecrettes prifes contre le crime, caufoient aux coupables, comme s'il n'eût voulu que difputer d'adreffe avec eux, ignorant apparemment que le prix d'un pareil combat entre un Souverain & fes Sujets, eft ordinairement tôt ou tard la perte de fa Couronne, & peut-être de la vie.

HENRI III.
1587.

Il eft certain que le Duc de Guife fut pouffé plus vîte qu'il ne voulut d'abord. C'étoit lui, à la vérité, & fes partifans, qui par la bouche des prédicateurs, par la plume des écrivains, par le pinceau des peintres, l'afcendant des confrairies, le fpectacle des proceffions & autres affemblées pieufes, avoit échauffé l'imagination des peuples ; mais qu'on examine attentivement la marche du complot, on verra que les réfolutions extrêmes partirent du confeil de la Ligue. C'étoit une efpece de comité, formé prefque fortuitement, de gens ramaffés de tous états, plus paffionnés qu'éclairés : Avocats, Huiffiers, Procureurs, Greffiers,

Le confeil de la Ligue brufque les affaires.

Magistrats, des Curés trop zelés, un apostat du Calvinisme, des banqueroutiers, des Prédicateurs séditieux, un Bussi-Leclerc, ancien maître en fait d'armes, des Marchands, Crucé, Louchard, la Chapelle-Marteau, & d'autres de diverses professions. Guise n'avoit entre eux qu'un homme dépositaire de son secret, savoir, François de Roncherolles de Menneville, Gentilhomme aimable, hardi, éloquent, propre à inspirer l'enthousiasme; mais qui ne fut pas toujours le maître de calmer la fougue qu'il avoit excitée. Une femme furieuse souffloit aussi à ces forcenés sa haine & ses desirs de vengeance.

On ignore en quoi Henri III avoit offensé Catherine-Marie de Lorraine, sœur du Duc de Guise & veuve du Duc de Montpensier. Il est à présumer par la vivacité que cette Princesse mit dans ses ressentiments, qu'elle avoit à venger ses appas méprisés, peut-être des avances négligées, ou des intrigues galantes révélées, crimes qu'une femme ne pardonne jamais. Quoiqu'il en soit du motif, la Duchesse de Montpensier jura à

Henri une haine irréconciliable, & le poursuivit jusqu'au tombeau. Elle se trouve dans toutes les conjurations formées, tant contre son Etat, que contre sa personne : il en éclata cette année de l'une & de l'autre espece.

HENRI III.
1587.

Les intérêts d'Espagne devenoient aux Ligueurs plus chers que ceux de la France, persuadés qu'ils étoient que de ce Royaume devoit venir leur salut & l'accomplissement de leurs projets. Dans ce temps Philippe préparoit contre l'Angleterre une flotte qu'il nomma l'*invincible*, & que les flots engloutirent. Comme s'il eût prévu ce malheur, il desiroit avoir sur les côtes de France un port où il pût en cas d'accident retirer ses vaisseaux. Les Ligueurs non-seulement lui prêterent la main pour s'emparer de Boulogne ; mais ils se chargerent même de l'exécution, par leurs émissaires. Le Roi n'eut besoin que de savoir le dessein pour le faire avorter ; mais il ne punit pas les auteurs.

Conjuration contre Boulogne, révélée par Poulain.

Ces ménagements attribués à sa foiblesse les enhardirent à conspirer contre lui-même. Ils proposerent de l'arrêter un jour qu'il reviendroit de Vin-

Il en découvrie d'autres, contre la personne du Roi.

cennes, peu suivi à son ordinaire. Une autrefois ils voulûrent profiter, pour l'enlever, du tumulte de la foire Saint-Germain, où le Roi alloit quelquefois se divertir, mal accompagné. Il fut averti de ces complots par Nicolas Poulain, Lieutenant du Prévôt de Paris, qui avoit eu l'adresse de gagner la confiance des conjurés, au point d'être chargé par eux du soin d'acheter des armes & de les cacher.

Pour faire parvenir au Roi le détail d'une autre conjuration beaucoup plus dangereuse, Poulain employa un stratagême assez singulier. Il donna avis au Chancelier de le faire mettre en prison, comme soupçonné de mauvais desseins. Ce Magistrat le fit ensuite paroître devant lui, & au lieu de subir l'interrogatoire, Poulain lui expliqua toute l'intrigue.

Projet de barricades.

Les Ligueurs, malgré leur sécurité apparente, trembloient que le Roi ne prît enfin une résolution vigoureuse & ne les punît en une seule fois de tous leurs attentats. Quelques-uns avoient été menacés secrétement; la Cour avoit fait des tentatives,

Livre cinquieme. 309

pour en enlever d'autres. Le tonnerre grondoit sur la tête des coupables, ou du moins ils se l'imaginoient; & dans cette prévention, ils crurent que le meilleur moyen de se mettre à l'abri, étoit de prévenir le Roi.

Ils en écrivirent au Duc de Guise, & le presserent aussi, par députés, de venir se mettre à leur tête. Comme ils le trouverent assez froid, parce qu'il ne croyoit pas encore la partie bien préparée, ils s'adresserent au Duc de Mayenne son frere. Il venoit de quitter son armée pour maladie feinte ou réelle : mais au fond, outré du rôle qu'on lui avoit fait jouer, en le mettant à la tête d'une armée délabrée, avec d'autres chefs, qui par ordre du Roi le traversoient dans tous ses projets. Ainsi voyant jour à se venger, quoique naturellement ennemi des desseins téméraires & turbulents, Mayenne promit d'appuyer les conjurés.

On se prépara donc à exécuter le plan dressé de longue main. Il consistoit à s'emparer de la Bastille, de l'Arsenal, du Temple, du grand & petit Châtelet, partie par force, par-

Henri III.
1587.

Le Duc de Mayenne à la tête.

tie par des intelligences secrettes; à égorger de Harlai premier Président, d'Espesses Avocat-Général, le Chancelier & tous les gens attachés à la Cour; fortifier l'Hôtel-de-Ville, investir le Louvre; dans la crainte que la noblesse ou quelques troupes cachées ne courussent au secours du Roi, on devoit tendre les chaînes attachées aux coins de chaque rue, & les soutenir avec des tonneaux remplis de terre, avec des planches & des poutres; ce qui feroit à la tête de chaque rue, comme autant de petits forts, derriere lesquels la bourgeoisie pourroit se défendre ainsi que d'un rempart. Ces choses achevées, les Ligueurs ne bornoient plus leurs espérances. Ils arrêtoient le Roi, le gardoient en prison, lui défendoient de se mêler du gouvernement, créoient un Parlement pour rendre la justice, & un Conseil pour gouverner l'Etat & envoyoient les Espagnols, qu'on leur avoit promis, combattre & vaincre le Roi de Navarre.

Le Roi se contente de se railler. L'avertissement de Poulain renversa tous ces projets. Le Roi bien instruit des détails, rassemble des troupes, s'empare des portes, s'assure des lieux menacés. Quand on voit le complot découvert, tous les conjurés restent confus ; Mayenne se retire, & Henri a la bonté de souffrir qu'il prenne congé de lui. Il se contenta de lui dire d'un ton mocqueur : *Quoi, mon cousin, vous abandonnez ainsi vos bons amis les Ligueurs ? Je ne sais ce que veut dire votre Majesté*, répondit le Duc déconcerté. Mais en s'en allant il promit aux factieux de ne point les abandonner, & qu'à la premiere alarme son frere & lui voleroient à leur secours. Il leur laissa quelques Officiers, gens de main & d'exécution, pour cautions de sa parole, & encore plus pour les maintenir dans leurs dispositions présentes.

Guise qui auroit volontiers profité de leur entreprise, si elle avoit réussi, la voyant manquée, les taxe d'imprudence & de précipitation. Il se met en colere contre eux, paroît disposé à les abandonner & à faire sa paix particuliere avec le Roi. Menneville porteur de ces menaces négocie leur raccommodement. D'accord

HENRI III.
1587.

Le Duc de Guise s'irrite de la précipitation des Ligueurs & s'appaise.

avec le Duc, il se rend caution de leur docilité pour la suite, & obtient leur pardon. Exemple de ce que peut un scélérat habile, sur les subalternes qu'il a poussé à des crimes, dont ils n'esperent l'impunité que par sa protection.

Différence entre Henri III & Elisabeth.

On peut remarquer entre la conduite de Henri Roi de France & celle d'Elisabeth Reine d'Angleterre, une différence, qui, n'ôtant rien au mérite de la clémence, fait voir que cette vertu, si digne des Rois, est souvent, lorsqu'on l'emploie mal, plus dangereuse qu'une juste fermeté. Henri pardonna toujours & périt assassiné. Elisabeth ne fit point de grace & regna glorieusement. Elle ne passa presque pas une année, sans voir le poignard levé sur elle; mais aussitôt après la conviction, le sang des chefs, comme celui des complices, couloit sur les échafauts: excusable, louable même, si elle n'eût pas étendu sa sévérité jusques sur l'infortunée Marie Stuart.

Mort de Marie Stuart.

Que cette Princesse du fond de sa prison ait su les conjurations formées contre Elisabeth, qu'elle leur ait même prêté

prêté son nom, c'étoit une raison de la resserrer davantage; mais non pas de la faire mourir par la main d'un bourreau. Aussi soupçonne-t-on la Reine d'Angleterre, d'avoir eu, pour se défaire de Marie, des motifs de rivalité, autres que la jalousie du gouvernement. Si elle porta jusqu'à cet excès le dépit de voir sa beauté effacée par les charmes de la Reine d'Ecosse, le sort de celle-ci en devient encore plus touchant.

Dix-neuf ans de prison commencés à l'âge de vingt-cinq ans, auroient dû faire oublier les fautes dont on accuse sa jeunesse; car on doit avouer que, si elle ne fut pas coupable de la mort de son second mari, elle donna lieu à l'accusation, en épousant son assassin. La Providence, qui vouloit la faire servir d'exemple à celles que leur rang étourdit quelquefois sur leurs crimes, permit qu'une si longue captivité, mêlée des chagrins les plus amers, ne finît que par une mort violente.

Marie dans ce dernier moment s'arma de fermeté & mourut en héroïne chrétienne. Elle parut sur l'échafaut un crucifix à la main, vêtue en Reine, avec un visage serein & tout l'éclat de sa premiere beauté. On voulut faire retirer ses femmes, & quelques domestiques, qui éclatoient en sanglots. Elle promit qu'ils seroient plus modérés & les retint pour lui rendre les derniers services. Comme la douleur leur arrachoit encore des soupirs. *J'avois promis*, leur dit-elle d'un air ferme, *que vous seriez plus tranquilles ; retirez-vous & priez pour moi.* Elle pria elle-même à haute voix pour la paix de l'église, pour le Roi d'Ecosse son fils, pour la Reine d'Angleterre, se fit bander les yeux & tendit le cou au bourreau, qui en deux coups sépara la tête du corps.

L'histoire présente peu de morts aussi héroïques. Sans plaintes, sans regrets, sans cette ostentation de courage, marque ordinaire d'une ame qui cherche à s'affermir, Marie cessa de vivre, comme un voyageur quitte un pays qui lui est devenu indifférent; les Protestants en firent une criminelle justement punie, & les Catholiques une martyre sacrifiée à la religion.

En France, les Guises ses parents,

qui l'avoient abandonnée pendant sa vie, jetterent des cris perçants à sa mort, peut-être parce que ces cris pouvoient leur être utiles. On imprima des relations de cette tragique catastrophe, & on y joignit des descriptions effrayantes des tourments qu'on supposoit que les Hérétiques faisoient souffrir aux Catholiques en Angleterre, en Allemagne, & dans les Pays-bas, & qu'ils ne manqueroient pas, ajoutoit-on, de faire souffrir en France, sitôt que le Roi de Navarre & ses adhérents y seroient les maîtres. Il nous reste encore de ces estampes, accompagnées d'explications également outrées & propres à échauffer les esprits.

Henri III. 1587. Son supplice utile aux Ligueurs. De Thou, l. LXXXVII. Davila, liv. VIII. Theatrum Crudelit. &c. Atverpia apud Adrianum Huberti. in-4°. 1587.

Le zele renouvella alors, avec plus d'ardeur que jamais, les dévotions publiques. On voyoit les chemins couverts de troupes d'hommes & de femmes, qui alloient en stations d'églises en églises, revêtues d'aubes traînantes ; d'où est venu le nom de *processions blanches*. Il s'en faisoit la nuit dans les villes & dans Paris surtout ; moyen très-commode aux Ligueurs de se rassembler plus promp-

Processions blanches.

tement & plus sûrement. On y chantoit des Litanies d'un ton triste & lugubre, comme dans une calamité publique ; ce qui persuadoit au peuple que l'Etat & la Religion étoient menacés du plus grand péril & le disposoit à tout sacrifier pour sa défense.

Un exemple de conversion bien frappant, vint encore à l'appui de ces dispositions. Le Comte du Bouchage, jeune courtisan, frere du Duc de Joyeuse, renonçant tout-à-coup aux espérances brillantes que la faveur lui promettoit, s'enferma chez les Capucins & y prit l'habit. Prieres, sollicitations, larmes de son frere & du Roi même, rien ne fut capable de lui faire changer de dessein. Sa retraite fut citée comme une preuve du danger où étoit le catholicisme dans la Cour qu'il abandonnoit, & les esprits s'en échaufferent davantage.

Noces du Duc d'Epernon.
Journal de Henri III.

Henri triste avec Joyeuse, se consola avec Epernon, dont la fortune prenoit de la solidité par les soins du Roi. Il lui fit épouser une très-riche héritiere ; & ce que la rigueur des circonstances ne permit point au Monarque de prodiguer en dépenses fastueuses, il le donna en argent & en terres à son favori. Il y eut pourtant à ces noces un magnifique bal auquel Henri se trouva *avec son grand chapelet à têtes de mort*. Heureux, selon les uns, malheureux selon les autres, de s'étourdir sur les maux qu'un soulevement général, & une inondation d'ennemis étrangers préparoient à son Royaume.

{HENRI III. 1587.}

Ce ne fut point une vaine cérémonie que l'ambassade des Princes Allemands. Elle produisit son effet, aussi-tôt après leur retour dans leur pays. Plus de trente mille hommes, cavalerie & infanterie, ramassés de toutes les parties de l'Allemagne & de la Suisse, fondirent en France, sachant bien qu'ils venoient au secours de leurs freres réformés; mais ignorant la plupart contre qui ils auroient à combattre. On avoit persuadé au plus grand nombre, que sitôt qu'ils paroîtroient, le Roi se mettroit à leur tête & tomberoit sur les Ligueurs. Il ne tint qu'à lui de se prévaloir de cette occasion. Le Roi de Navarre l'y exhortoit; mais Henri se flatta de détruire les uns par les au-

{Les Allemands entrent en France.}

O 3

tres. C'étoit pour ainsi dire le refrein de toutes ses réflexions. On l'entendoit souvent dire : *De inimicis meis vindicabo inimicos meos.* En conséquence de cette résolution, voici le plan d'opérations qu'il imagina.

Premiérement, opposer aux Bourbons des forces bien supérieures aux leurs, dont il donna le commandement à Joyeuse son favori. Il se flattoit de diriger ce jeune Général, qui avoit ordre de tenir simplement les Calvinistes en échec, afin que le Roi, en cas de besoin, fût toujours maître de les appeler à son secours contre la Ligue. En second lieu, ne fournir à Guise que des troupes médiocres pour choquer ce gros corps d'Allemands, dans l'espérance qu'il en seroit maltraité ; enfin se mettre lui-même à la tête de l'armée la plus forte, pour donner la loi à tous les partis, quand ils seroient épuisés l'un par l'autre. Le projet étoit bien conçu ; mais Henri ne connoissoit ni Joyeuse, ni Guise, ni lui-même.

On a déja vu que Joyeuse s'étoit imaginé pouvoir se substituer au Duc de Guise dans la faveur des Catho-

Livre cinquieme.

liques, & qu'il avoit même prié le Pape de le seconder dans ce dessein. Quand il se vit à la tête d'une puissante armée, ses anciennes idées se réveillerent ; il crut qu'il n'avoit qu'à frapper un coup important contre les Calvinistes, qu'aussi-tôt les Ligueurs abandonneroient le Duc de Guise, devenu inutile, & s'empresseroient autour de lui. Une victoire lui parut propre à produire cet effet, & il résolut d'essayer ses forces, en bataille rangée, contre le Roi de Navarre.

Bourbon faisoit la guerre avec avantage dans les provinces méridionales du Royaume, lorsque les Allemands entrerent en France, par la Lorraine, dans le mois de Septembre. Aussi-tôt il interrompit ses succès pour les joindre. Joyeuse de son côté se mit en devoir de lui fermer le passage : les deux armées se rencontrerent en Périgord, auprès d'un bourg nommé Coutras, d'où la bataille a pris son nom.

C'étoit l'armée de Darius contre celle d'Alexandre : du côté de Joyeuse, plus de troupes ; mais des courtisans efféminés, des soldats chargés

Henri III. 1587.

Elle le pousse à combattre le Roi de Navarre.

Bataille de Coutras. De Serres, t. I, p. 782.

d'or, un chef amolli par les délices d'une Cour voluptueuse : du côté de Bourbon, moins de combattants ; mais une noblesse exercée aux fatigues, des hommes de fer, un jeune héros nourri dans les camps, familiarisé avec les revers comme avec les triomphes, & échauffant tous les cœurs de l'ardeur guerriere dont il étoit animé. Ce contraste se remarquoit à la premiere vue des deux armées. Quelqu'un faisant observer à Henri la pompe fastueuse des bataillons ennemis : *Eh bien*, répondit-il avec une gaieté martiale, *nous en auronś tant plus belle visée sur eux, quand nous viendrons à mêler les mains ensemble.*

Il ne faut rien perdre des circonstances de cette action qui fraya le chemin du Trône à notre immortel Henri IV. Quand les armées furent en présence, s'adressant à ceux qui l'environnoient, il déplora, dans les termes les plus touchants, le funeste effet des guerres civiles, qui arment amis contre amis, parents contre parents, freres contre freres : il s'attendrit sur le sort de la France, & prit tous les Seigneurs à témoins des efforts qu'il avoit faits pour terminer à l'amiable ses différents, dût-il lui en coûter la vie. " Périssent, ajouta-t-il „ d'un ton animé, les auteurs de cette „ guerre, & que le sang qui va être „ répandu, retombe sur leur tête „. Puis se tournant vers le Prince de Condé & le Comte de Soissons, ses cousins, il leur adressa ces mots: *Pour vous, je ne vous dis autre chose, sinon que vous êtes du sang de Bourbon, & vive Dieu! Je vous ferai voir que je suis votre ainé; & nous,* répondirent ces Princes, *que nous sommes de bons cadets.*

Dans ce moment se présente le sévere Mornay: il remontre au jeune guerrier qu'emporté par le feu de ses passions, il s'est permis une liaison criminelle, dont les éclats ont affligé une honnête famille; qu'il va peut-être paroître devant Dieu, & qu'il doit à son armée la réparation de ce scandale public. Henri n'hésite pas; il reconnoît humblement sa faute devant le Ministre Chandieu. Quelques Seigneurs peu scrupuleux veulent lui persuader que c'est trop exiger d'un

Roi. *On ne peut, leur répond-il, trop s'humilier devant Dieu, ni trop braver les hommes.* Il se met ensuite à genoux ; toute l'armée en fait autant, & le Ministre commence la priere. A ce spectacle, Joyeuse s'écrie : *Le Roi de Navarre a peur : ne le prenez pas là,* dit Lavardin, son principal Lieutenant, *ils ne prient jamais sans qu'ils soient résolus de vaincre ou de mourir.*

Joyeuse éprouva à ses dépens la vérité de la remarque : ses nombreux escadrons ne tinrent pas contre le choc de la cavalerie calviniste ; après une foible résistance, ce fut moins un combat qu'une déroute. L'infortuné Joyeuse au désespoir de voir ses projets renversés par cette défaite, ne cherche point à se sauver. *Que faut-il faire ?* lui demande un de ses Lieutenants. *Mourir.* En parlant il s'enfonce dans les bataillons ennemis avec Claude de Saint-Sauveur son frere, & ils y sont tués tous les deux.

Après la victoire, Bourbon parcourt le champ de bataille, fait enterrer les morts, ordonne qu'on prenne soin des blessés, reçoit avec affabilité les prisonniers qu'on lui amene en foule, rend à quelques-uns leurs drapeaux en récompense de leur bravoure, & plaint le sort de l'ambitieux Joyeuse, dont il envoie le corps à ses parents. Modeste dans son triomphe, il voit, sans laisser paroître d'émotion, la salle, où il s'étoit retiré pour prendre un léger repas, tapissée des étendards enlevés aux ennemis, & sa table environnée de vaincus, qui, pleins d'une égale admiration, s'empressoient autour de lui.

HENRI III.
1587.

La nouvelle de cette victoire arriva à l'armée des Allemands, lorsqu'ils étoient dans la plus grande détresse. Depuis leur entrée en France, Guise, avec son petit corps de troupes, n'avoit cessé de les côtoyer, ne manquant aucune occasion de les harceler, de leur couper les vivres & de traverser leur marche. Cependant cette armée formidable, malgré ses pertes, avançoit toujours; mais mal conduite, n'ayant point à sa tête de Prince d'un nom à contenir le soldat; sans conseil, sans but fixe, livrée, à ce qu'on prétend, aux insinuations perfides d'un traître, donné à ces étrangers, par les Calvinistes eux-

L'armée Allemande souffre dans sa marche.

mêmes, comme un guide assuré, & cependant espion secret de la Ligue.

Elle est mal recommandée.

Le Baron d'Hona, nommé par les Princes de l'Empire, Général de cette armée, étoit un homme indécis, bon Commandant pour un coup de main, mais ignorant le local & les intérêts des parties. On proposa d'abord d'établir le théatre de la guerre en Lorraine, pays abondant, enrichi depuis long-temps des malheurs de la France, d'où, en cas d'échec, il seroit facile de retourner en Allemagne. C'étoit le moyen d'arracher à la Ligue ses chefs, & de les forcer à la paix, dans la crainte qu'auroient eue les Princes Lorrains de voir dévaster le patrimoine de leurs ancêtres pour des espérances très-incertaines. Cet avis prudent fut combattu par un raisonnement spécieux. Nous sommes venus, disoient les plus ardents, pour secourir le Roi de Navarre ; il faut donc le joindre.

Elle veut joindre le Roi de Navarre & se trouve arrêtée.

En conséquence on marche vers la Loire, sans provisions, sans route déterminée, sans point d'appui, en cas d'accident. Ils rencontrent de petites villes, ils les rançonnent & les pil-

Livre cinquieme.

lent ; celles qui font mine de réfifter, on les laiffe de côté, & on paffe outre : ils arrivent enfin, excédés de fatigues, devant la Charité. Leurs prédéceffeurs, fous le Duc de Deux-Ponts, avoient eu autrefois le bonheur de trouver ce paffage ouvert ; mais en cette occafion les Catholiques s'en étoient emparés les premiers.

On eft donc forcé de revenir fur fes pas : le pain manque, les murmures commencent ; le foldat fe plaint des marches forcées, des gardes continuelles, de la difette d'équipages & d'habits. De temps en temps ils font renforcés par quelques troupes de François, qui viennent les joindre à travers les embufcades dreffées de tous côtés ; mais le récit des dangers qu'ils ont courus, diminue bientôt la joie de les voir : le découragement devient enfin général, quand on s'apperçoit que les chefs incertains avancent, reculent, &, comme s'ils euffent perdu la tête, viennent fe placer entre les troupes du Duc de Guife & une forte armée, commandée par le Roi en perfonne.

Il avoit fallu non-feulement une

Henri III.
1587.

Etat déplorable où elle fe trouve réduite.

HENRI III.
1587.
Le Roi sort de Paris contre les Ligueurs.

rumeur des Parisiens, mais encore une sédition portée aux excès les plus violents, pour tirer Henri de son indolence. On disoit qu'il abandonnoit la cause de Dieu, qu'il laissoit le Duc de Guise à la merci de cette grande armée, dans le dessein de le faire périr & d'abolir la Religion avec lui. Les Prédicateurs débitoient en chaire ces calomnies, & il y en eut un assez hardi pour appeller le Roi en plein sermon, *tyran*, & ses Ministres, fauteurs d'hérétiques. Henri eut dessein de le punir : il se retint néanmoins, parce qu'il vit le peuple disposé à le défendre ; ensuite il prit le parti de paroître l'avoir oublié, & il sortit de Paris pour se mettre à la tête de son armée ; mais il s'y comporta en homme qui n'auroit voulu qu'être témoin des exploits du chef de la Ligue.

Ils pressent le Duc d'arrêter le Roi.

Ce n'est pas qu'il ne fût plus prudent d'affoiblir l'armée des Allemands par la désertion, que par le tranchant de l'épée, & de la laisser fondre, pour ainsi dire, puisqu'elle commençoit à se dissoudre d'elle-même ; mais en suivant ce système, il n'auroit pas fallu souffrir que le Duc de Guise s'attirât tout l'honneur de la défaite, par des victoires, qui quoi qu'inutiles, le relevoient infinement aux yeux des Ligueurs. Ils s'éblouirent même tellement de l'éclat de ses exploits, que ceux de Paris l'exhorterent sérieusement à se saisir du Roi, au milieu de son armée, se faisant fort d'arrêter ses Ministres & le Parlement, de se rendre maîtres de la Capitale, & de causer ainsi une révolution avantageuse à la bonne cause. Sans rejeter leurs offres, Guise les renvoya à un temps plus commode.

En effet le moment n'étoit pas favorable. La France retentissoit du bruit de la victoire remportée à Coutras, & le Roi par les factieux, auroit pu appeller à son secours les vainqueurs de Joyeuse, prendre à sa solde les Suisses, recevoir dans ses escadrons les Reitres de l'armée Allemande, & avec ces troupes tomber sur les Ligueurs, incapables de résister à ces forces réunies. Les circonstances exigeoient donc des ménagements, & une politique adroite,

Raisons politiques qui l'en empêchent.

Henri III.
1587.

Le Roi de Navarre ne seconde point l'armée Allemande.
Vie de Mornay, p. 111.

pour ne pas débarraffer le Roi, mais auffi ne les pas jetter dans un danger qui lui ouvrît les yeux fur fes vrais intérêts.

Un événement imprévu facilita les projets du Duc. Aux bruit de la victoire de Coutras, fuccéda une incertitude étonnante fur le fort de l'armée victorieufe. On apprit enfuite qu'elle s'étoit débandée toute entiere. Les uns difent qu'il fut impoffible au Roi de Navarre de retenir fous fes étendards un corps de nobleffe volontaire, qui ne s'étoit ramaffée que pour un coup de main; les autres qu'il ne s'en foucia pas, & que dans le tranfport d'un premier triomphe, il ne fut pas fâché d'avoir le prétexte de la défection de fon armée, pour aller porter aux pieds de Corifande d'Andouin, comteffe de Guiche, les drapeaux enlevés à l'ennemi. De bons hiftoriens le juftifient de cette galanterie déplacée, mais ils ne l'excufent point de n'avoir pas du moins tenté avec les troupes affez nombreufes qui lui reftoient encore, de s'ouvrir un paffage jufqu'aux Allemands.

Quoiqu'il en soit du motif de son éloignement, il fut des plus funestes à l'armée Allemande. Le Prince de Conti, frere du Prince de Condé que le Roi de Navarre avoit envoyé pour le remplacer, ne put relever ces esprits abattus. La crainte, qui devoit inspirer des précautions, les aveugla; on négligeoit les gardes par découragement, & cette négligence donna lieu à des surprises qui produisirent la consternation, comme si elles eussent été des défaites entieres. Telles furent les attaques de Vimori & d'Auneau, deux Bourgs occupés par les troupes Allemandes; attaques qu'on peut appeller camisades, plutôt que véritables combats. Guise y montra beaucoup d'intelligence & de valeur; mais elles n'auroient eu aucune suite décisive avec des troupes moins effrayées.

{HENRI III. 1587. Battue & investie, elle pose les armes.}

Après ces échecs, les chefs étrangers, comme les soldats, ne parlerent plus que de traiter. Le Duc d'Epernon se rendit médiateur. La lenteur de l'accommodement occasionna de nouvelles pertes, qui rendirent leur condition plus mauvaise; de

{On lui permet de se retirer.}

sorte qu'ils furent trop heureux d'obtenir permission de retourner chez eux par petites bandes, enseignes ployées, avec serment de ne jamais porter les armes contre le Roi. On leur donna aussi des sauf-conduits, qui ne furent gueres respectés.

<small>HENRI III. 1587.</small>

<small>Affreux massacre qu'on en fait dans leur retraite.</small>

Les paysans en assommerent grand nombre dans leur marche. On leur couroit sus, comme à des bêtes féroces. Les traîneurs, les malades étoient égorgés sans pitié. Le Duc de Guise, qui se plaignoit du traité, comme fait exprès par le Duc d'Epernon son ennemi, pour lui ravir la gloire de délivrer la France de ces étrangers, suivit le corps le plus nombreux, jusques sur la frontiere, où il fit un carnage effroyable. De trente mille, à peine en retourna-t-il six à sept mille dans leur pays. Telle fut l'issue de cette invasion; & telle sera toujours la fin de toute expédition lointaine, moins dirigée par la prudence, que par la bravoure.

<small>Le Roi rentre triomphant dans Paris.</small>

Le Roi retourna deux jours avant Noel à Paris, où il fit une entrée publique, revêtu de sa cotte d'ar-

Livre cinquieme.

mes, le casque en tête, comme s'il eût triomphé de tous ses ennemis. Le Peuple s'en mocqua. N'osant peut-être pas, par un reste de respect, s'attaquer directement à sa personne, les railleurs tomberent sur le Duc d'Epernon. Ils l'accablerent de traits satyriques. Les colporteurs crioient dans les rues de Paris: *Faits-d'armes du Duc d'Epernon, contre les Hérétiques.* On ouvroit le livre, & à chaque page, on trouvoit en gros caracteres ce seul mot: *Rien.* Henri consola son favori, en lui donnant la dépouille de Joyeuse: *Et en ce faisant*, dit Pasquier, *sans coup ferir, il a perdu plus de gentilshommes, qu'il n'avoit fait à la bataille de Coutras.*

En revenant de la poursuite des Allemands, le Duc de Guise se rendit à Nanci, où étoient assemblés les principaux de sa famille & de la Ligue. On y tint un grand conseil. Les avis y furent différents comme les intentions; mais le résultat fut le même, parce que, pour arriver chacun à leur but particulier, ils avoient tous besoin du même moyen, savoir le trouble de l'Etat.

HENRI III.
1587.
Pasquier, l. XI, lettre XIV.

1588.
Assemblée de Nanci.
De Thou, liv. XC.
Davila, liv. IX.
Mém. de la Ligue, t. II. & III.
Matth. liv. VIII.
Pasquier, liv. XII.
Mém. de Nevers, t. I.
Mém. de Villeroi, t. I.

Par-là le Duc de Lorraine se flattoit de forcer le Roi à fermer les yeux sur les invasions qu'il méditoit, même à se faire offrir une augmentation de domaines. Les cadets & alliés de cette maison, tels que le Duc de Nemours, le Duc d'Elbeuf, le Duc & le Chevalier d'Aumale, le Duc de Mayenne lui-même, frere du Duc de Guise, espéroient par cettte voie, des établissements considérables. Ils vouloient donc qu'on continuât de susciter des embarras au Roi, mais non qu'on l'outrât, de peur que, ne voyant plus d'autres ressources, il ne prît quelque résolution vigoureuse, qui ruineroit leurs espérances. Pour le Duc de Guise, on ne peut gueres douter qu'il n'eût des prétentions bien plus étendues; mais il n'en faisoit confidence à personne, si on excepte peut-être son frere, le Cardinal de Guise, dont les actions dirigées au même but que celles du Duc, & suivies de la même catastrophe, ont toujours marqué un concert parfait avec son aîné.

La Ligue y dresse une re- Animés par ces motifs divers, sans parler de ceux des Ligueurs, qui n'é-

Livre cinquieme.

toient qu'une fureur aveugle contre un Roi trop clément à leur égard, les Confédérés de Nanci prirent une résolution uniforme : ce fut de paroître toujours unis, sous le nom du Cardinal de Bourbon, premier Prince du sang, & de signifier à Henri leurs prétentions, sous la forme de requête. Ils y supplioient le Roi de se déclarer d'une maniere plus authentique, en faveur de la sainte union, d'éloigner des emplois publics, & d'auprès de sa personne, les courtisans suspects de favoriser l'héréfie, dont on lui fourniroit la liste, de faire publier le Concile de Trente, d'établir au moins dans chaque capitale un tribunal de l'inquifition, d'accorder aux chefs de l'union, tant dans l'intérieur, que sur les frontieres du Royaume, des villes, dont le Roi entretiendroit les garnisons, de leur soudoyer un certain nombre de troupes; de payer leurs dettes, de déclarer la guerre à toute outrance aux Hérétiques & de ne faire quartier à aucun prisonnier, à moins qu'il ne promît de vivre dorénavant dans la religion Catholique, & d'employer désormais ses

HENRI III.
1588.
quête insolente au Roi.

biens & sa vie, pour le service de la sainte union.

Perplexité du Roi.

Pendant qu'on dressoit à Nanci cette insolente requête, le Roi commençoit à ouvrir les yeux sur les desseins des Ligueurs, sans cependant pouvoir encore se persuader les excès que ses fideles serviteurs vouloient lui faire craindre. Il fut encore long-temps à penser qu'il y avoit de l'outré dans leurs rapports. Il croyoit à la vérité que les factieux, dans la chaleur de leurs assemblées, étoient bien gens à méditer des projets de révolte; mais il s'imaginoit que, quand il faudroit en venir à l'exécution, ou ils manqueroient de cœur, ou la moindre précaution visible, de la part du Prince, seroit capable de les arrêter.

Quelquefois aussi, il pensoit que ces délations pouvoient bien lui venir de la part des sectaires, qui imaginoient tous ces complots, pour l'aigrir contre les Catholiques, lui faire prendre un parti extrême & le compromettre sans retour avec les Ligueurs. Ce fut par ces soupçons que Henri paya, presque jusqu'à la

Livre cinquieme.

fin, les avis du fidele Poulain. Malheureusement cet homme ne jouissoit pas d'une réputation bien integre du côté des mœurs & de la conduite. On savoit qu'il étoit considérablement obéré, qu'il cherchoit par tous moyens à raccommoder sa fortune ; c'en étoit assez pour donner à ses dépositions un air d'intérêt, capable de lui ôter tout crédit. Le Roi s'en défioit & se fortifioit dans ses soupçons, par les avis contraires de ses courtisans & de ses ministres, qui étoient ou trompés, ou gagnés & qui l'induisoient en erreurs.

La Reine mere, par exemple, ne vouloit pas qu'on éclairât trop le Roi sur son état, qu'elle ne croyoit pas elle-même si dangereux ; parce qu'elle espéroit l'amener, par le dégoût des embarras, à avoir en elle plus de confiance, & elle l'auroit employé cette confiance à établir solidement à la Cour le marquis de Pont, né de sa fille la Duchesse de Lorraine, afin de lui procurer la Couronne si le Roi venoit à mourir sans enfants. Le Seigneur d'O & les autres courtisans, qui ne cherchoient

HENRI III.
1588.

Causée par l'ignorance où on le tient.

que le plaisir, cachoient soigneusement au Roi sa situation, de peur que leur faveur diminuât, si la connoissance de ses affaires l'obligeoit à s'y appliquer.

Par les partialités dont il est témoin. Villeroi & les autres ministres détestoient le Duc d'Epernon, qui les maltraitoit dans le conseil & qui, en toute occasion, les accabloit du poids de son crédit. Il avoit eu la hardiesse de donner à Villeroi un démenti en présence du Roi, & de l'appeller fourbe & fripon. Il avoit reproché en face à Pierre d'Espinac Archevêque de Lyon, homme important par son siege & son esprit violent, un commerce incestueux avec sa propre sœur. Le Roi savoit toutes ces imprudences, que son caractere doux ne lui permettoit pas d'approuver, mais qu'il n'avoit pas non plus la force de punir, dans un homme qu'il aimoit. Il lui restoit simplement des ombrages : de sorte que quand le le Duc d'Epernon venoit l'alarmer sur les complots des factieux, il se persuadoit aisément ce que lui souffloient perpétuellement les ministres; savoir, que tout cela n'arrivoit que par

par haine contre le Duc, & cette prévention se gravoit d'autant plus aisément dans son esprit, que les libelles qui paroissoient, se déchaînoient avec la plus grande aigreur contre Epernon ; d'où Henri concluoit que ce n'étoit donc pas à lui qu'on en vouloit ; & qu'en sacrifiant son favori il calmeroit, quand il voudroit, la fureur de la populace. Ainsi ce Prince, jouet des passions des autres, trouvoit ses plus intimes confidans réunis en faveur de ses ennemis, sans qu'on puisse cependant prouver qu'aucun eût un dessein formel de le trahir.

Mais s'il n'y avoit pas à la Cour de mauvaise volonté absolue contre le Monarque, il y avoit pour le chef de la Ligue, un penchant secret qui entraînoit tous les cœurs. Un courtisan disoit : *Que les Huguenots étoient de la Ligue, quand ils regardoient le Duc de Guise.* Les femmes dont le suffrage met en France un poids dans la balance des affaires publiques, n'ont pas tu leur admiration. On a recueilli de la Maréchale de Retz une expression, qui peint le sentiment : *Ils avoient*

{Estime générale pour le Duc de Guise. Balzac, vingt-quatrieme entretien.}

si bonne mine, dit-elle, *ces Princes Lorrains, qu'auprès deux les autres Princes paroissoient peuple!*

Henri III. 1588.

Ses grandes qualités. Balzac, ibid.

Les avantages, qui, même séparés, faisoient aimer chacun de ces Princes, le Duc de Guise les réunissoit tous en lui seul : air de dignité, belle taille, traits réguliers, port majestueux, regard doux, quoique perçant, manières polies & insinuantes, enfin ce qui rendroit un grand l'idole de la nation, n'eût-il que ces qualités extérieures ; mais Guise y joignoit une bravoure à toute épreuve, & le talent rare de faire valoir ses exploits sans forfanterie ; l'esprit du commandement, la discrétion sous l'air de franchise, l'art de se faire croire trop retenu, lors même qu'il agissoit sans ménagement & de faire penser qu'il n'étoit excité que par le zele de la religion, quand il n'alloit qu'à ses intérêts : aussi pour me servir des termes d'un écrivain estimé, *la France étoit folle de cet homme-là ; car, c'est trop peu dire amoureuse.*

Guise avoit de plus en vraies vertus, de la grandeur d'ame, beaucoup de patience, une prudence jamais déconcertée par les événements, le coup d'œil de maître dans les affaires, & la facilité de se déterminer, quoique l'étendue de son génie lui montrât toutes les difficultés. Point de lenteur. L'action alloit chez lui, comme la pensée. Le Duc de Mayenne son frere, l'exhortant un jour à peser quelques inconvénients avant que de prendre un parti : *Ce que je n'aurois pu résoudre en un quart-d'heure,* répondit-il, *je ne le résoudrai pas en toute ma vie.*

{Henri III. 1588.}

Voilà l'homme contre lequel lutta le foible Henri III déja trop dépeint, & dont on sait bien qu'il n'y a que des inconséquences à attendre. Sous les yeux des Parisiens, si acharnés contre lui, il s'amusa au commencement de l'année à arranger lui-même les obseques du Duc de Joyeuse, qui couterent des sommes immenses, & il ne parut pas seulement songer à la mort d'un des Princes de son sang, Condé, qui périt empoisonné dans la ville de Saint-Jean d'Angeli.

{Médiocrité du Roi. Mort du Prince de Condé.}

Ce Prince avoit épousé Charlotte de la Trémouille, en revenant d'Angleterre, après sa malheureuse expédition d'Anjou. La réputation de cette

{Journ. de Henri III.}

P 2

jeune Princesse ne fut pas respectée. On fit courir sur sa conduite des bruits deshonorants : de sorte que le Prince son époux étant mort d'une maniere si tragique, on soupçonna l'épouse d'y avoir contribué, pour se mettre à l'abri de son ressentiment. Cette opinion s'accrédita tellement que le Roi de Navarre lui-même s'en laissa prévenir. Il accourut de Béarn en Saintonge, pour venger son cousin : & la Princesse n'échappa au premier mouvement de sa colere, que parce qu'elle étoit enceinte. Il la laissa sous une garde sûre ; mais après huit ans de captivité, le Parlement de Paris déclara la Princesse innocente.

Son caractere.

Le Prince de Condé étoit recommandable par une haute probité, une activité infatigable, & une intrépidité qui ne fut pas toujours réglée par la prudence. On fait les courses & les hasards de sa vie, qu'obligé de fuir de Noyers avec son pere, il le vit périr à Jarnac. Il combattit à Moncontour, & n'échappa qu'avec peine au massacre de la Saint-Barthelemi. Condé traversa plus d'une fois la France en fugitif, fut dépouillé sur les frontieres. Deux fois prisonnier, sans être reconnu, démonté à Coutras d'un coup de lance, il vint enfin mourir de poison à l'âge de trente-cinq ans, dans le sein de sa famille. Le Roi de Navarre, en apprenant sa mort, s'écria : *J'ai perdu mon bras droit.* Ses ennemis même le regretterent. Le Duc de Guise, admirateur constant de ses vertus, en rival généreux, lui donna des larmes; peut-être, disent quelques historiens, parce que la mort violente d'un homme de ce rang, le forçoit à un triste retour sur lui-même.

Guise en effet couroit alors une carriere fertile en pareilles catastrophes. Avoit-il préparé le dernier événement, ou s'y laissa-t-il entraîner ? C'est ce qu'on ignora toujours. Tout examiné, je croirois que les excès, dont nous allons parler, furent dans le peuple, le comble d'une faveur aveugle que Guise avoit excitée, sans prévoir où elle pourroit le mener ; & qu'il en profita ensuite, pour monter à la place que la fortune sembloit lui marquer.

Comment Guise est porté aux derniers éclats.

Fin du Tome Second.

www.ingramcontent.com/pod-product-compliance
Lightning Source LLC
Chambersburg PA
CBHW072014150426
43194CB00008B/1107